北京市地方标准

公路工程设计导则

Guideline of design on highway engineering

DB 11/T 1509—2018

主编单位：北京市路政局道路建设工程项目管理中心
　　　　　中设设计集团股份有限公司
　　　　　北京国道通公路设计研究院股份有限公司
　　　　　中交基础设施养护集团有限公司
　　　　　中咨泰克交通工程集团有限公司
　　　　　北京道桥碧目新技术有限公司

批准部门：北京市交通委员会
　　　　　北京市质量技术监督局

施行日期：2018 年 10 月 1 日

中国建筑工业出版社

2018　北　京

图书在版编目(CIP)数据

公路工程设计导则 DB 11/T 1509—2018/北京市路政局道路建设工程项目管理中心等主编. —北京：中国建筑工业出版社，2018.8
（北京市地方标准）
ISBN 978-7-112-22419-7

Ⅰ.①公… Ⅱ.①北… Ⅲ.①道路工程-设计-地方标准-北京 Ⅳ.①U412-65

中国版本图书馆 CIP 数据核字（2018）第 150499 号

责任编辑：王 磊 李玲洁
责任设计：谷有稷
责任校对：焦 乐 张 颖

北京市地方标准
公路工程设计导则
DB 11/T 1509—2018
*
中国建筑工业出版社出版、发行（北京海淀三里河路9号）
各地新华书店、建筑书店经销
北京红光制版公司制版
天津图文方嘉印刷有限公司印刷
*
开本：965×1270 毫米 1/16 印张：5¼ 字数：109 千字
2018 年 6 月第一版 2018 年 6 月第一次印刷
定价：**68.00** 元
ISBN 978-7-112-22419-7
(32302)

版权所有 翻印必究
如有印装质量问题，可寄本社退换
（邮政编码 100037）

北京市地方标准公告 2018 年标字第 2 号（总第 221 号）

北京市质量技术监督局批准以下 38 项北京市地方标准，现予以公布（见附件）。
附件：批准发布的北京市地方标准目录

北京市质量技术监督局
2018 年 4 月 4 日

附件

批准发布的北京市地方标准目录

序号	标准号	标准名称	被修订标准号	批准日期	实施日期
24	DB 11/T 1509—2018	公路工程设计导则		2018-4-2	2018-10-1

前 言

本标准按照GB/T 1.1—2009给出的规则起草。

本标准由北京市交通委员会提出并归口。

本标准由北京市交通委员会路政局组织实施。

本标准主编单位：北京市路政局道路建设工程项目管理中心

中设设计集团股份有限公司

北京国道通公路设计研究院股份有限公司

中交基础设施养护集团有限公司

中咨泰克交通工程集团有限公司

北京道桥碧目新技术有限公司

本标准主要起草人：孙中阁 刘长革 张新海 王众毅 杨秀峰 张明亮 王 栋 赵亚男 胡永立 李 波 马 凡 洪 浩 肖旭刚 于海臣 马德林 陈 东 齐 琳 李跃红 刘 纯 李太芳 杨 刚 王子峰 杨永平 王彦旭 路 宁 李洪涛 陈运飞 陈 倬 徐 东 陈春羽 吴 宁 徐海斌 杨 陈 刘常平

目　次

1 范围 ··· 1
2 规范性引用文件 ·· 2
3 术语和定义 ··· 4
4 总体设计 ·· 5
   4.1 一般规定 ·· 5
   4.2 方案设计 ·· 5
   4.3 设计要点 ·· 5
5 路线 ·· 8
   5.1 一般规定 ·· 8
   5.2 路线交叉 ·· 9
6 路基 ··· 12
   6.1 一般规定 ··· 12
   6.2 一般路基 ··· 12
   6.3 特殊路基 ··· 15
   6.4 路基排水 ··· 15
   6.5 路基防护与支挡 ·· 16
   6.6 改扩建设计 ·· 17
7 路面 ··· 20
   7.1 结构组合设计 ··· 20
   7.2 结构厚度设计 ··· 24
   7.3 材料要求 ··· 25
   7.4 改扩建设计 ·· 32
   7.5 配合比设计 ·· 34
   7.6 其他注意事项 ··· 35
8 桥梁工程 ··· 36
   8.1 一般规定 ··· 36
   8.2 上部结构 ··· 36
   8.3 下部结构 ··· 36
   8.4 桥梁构件标准化 ·· 37
   8.5 桥梁伸缩缝设计 ·· 37
   8.6 桥面铺装 ··· 38

8.7	桥面防水、排水	38
8.8	搭板	39
8.9	钢结构防腐	39
8.10	改扩建设计	39
8.11	桥型图和说明书的要求	39
9	隧道	41
9.1	一般规定	41
9.2	隧道建筑限界	41
9.3	隧道洞门	42
9.4	隧道衬砌和明洞	42
9.5	抗震设计	42
9.6	隧道不良地质问题及防治措施	42
9.7	辅助坑道	43
9.8	隧道防灾	43
9.9	其他注意事项	44
10	交通安全设施	45
10.1	总体设计	45
10.2	交通标志	45
10.3	标线	50
10.4	防撞设施	51
10.5	积水和地质灾害路段综合设施	51
10.6	节能环保措施	52
10.7	其他	52
11	管理与服务设施	53
11.1	一般要求	53
11.2	管理及服务站点	53
11.3	公路检查站	53
11.4	主线监控设施	53
11.5	隧道监控设施	54
11.6	通信设施	55
11.7	供配电设施	55
11.8	照明设施	56
11.9	隧道通风设施	56
11.10	隧道消防设施	57
11.11	改扩建机电设施	57

12	绿化	58
	12.1 一般规定	58
	12.2 绿化效果	58
13	工程造价	59
	13.1 基本要求	59
	13.2 工程造价控制	59
	13.3 工程造价编制	59
14	城镇化公路设计	61
	14.1 一般规定	61
	14.2 横断面布置	61
	14.3 非机动车交通	64
	14.4 行人交通系统	64
	14.5 公交停靠站	64
	14.6 平面和纵断面	64
	14.7 道路排水	65
	14.8 道路照明	66
	14.9 道路绿化	66
15	农村公路设计	67
	15.1 一般规定	67
	15.2 横断面	67
	15.3 路基	67
	15.4 桥涵	67
	15.5 隧道	67
	15.6 路线交叉	68
	15.7 交通安全设施	68
附录 A （规范性附录）控制要素		69
附录 B （规范性附录）设计方案编制		70
参考文献		72

1 范　　围

本标准规定了公路工程的总体设计以及路线、路基、路面、桥梁工程、隧道、交通安全设施、管理与服务设施、绿化、工程造价、城镇化公路设计及农村公路设计的要求。

本标准适用于新建和改（扩）建的一级及以下公路的设计。

2 规范性引用文件

下列文件对于本文件的应用是必不可少的。凡是注日期的引用文件，仅所注日期的版本适用于本文件。凡是不注日期的引用文件，其最新版本（包括所有的修改单）适用于本文件。

《公路照明技术条件》GB/T 24969
《室外排水设计规范》GB 50014
《城市道路交叉口规划规范》GB 50647
《城市桥梁设计规范》CJJ 11—2011
《城市道路工程设计规范》CJJ 37
《城市道路照明设计标准》CJJ 45
《城市道路绿化规划与设计规范》CJJ 75
《中小学与幼儿园校园周边道路交通设施设置规范》GA/T 1215
《钢结构桥梁漆》HG/T 3656
《道桥用改性沥青防水卷材》JC/T 974
《道桥用防水涂料》JC/T 975
《城市道路和建筑物无障碍设计规范》JGJ 50
《公路工程技术标准》JTG B01
《公路护栏安全性能评价标准》JTG B05—01
《公路沥青路面设计规范》JTG D50—2006
《公路桥涵设计通用规范》JTG D60—2015
《公路隧道设计规范 第二册：交通工程与附属设施》JTG D70/2—2014
《高速公路交通工程及沿线设施设计通用规范》JTG D80—2006
《公路沥青路面施工技术规范》JTG F40
《公路沥青路面再生技术规范》JTG F41
《公路桥梁抗震设计细则》JTG/T B02—01—2008
《公路隧道照明设计细则》JTG/T D70/2—01
《公路隧道通风设计细则》JTG/T D70/2—02
《公路路面基层施工技术细则》JTG/T F20
《公路水泥混凝土路面施工技术细则》JTG/T F30
《公路桥梁加固设计规范》JTG/T J22
《公路沥青路面养护技术规范》JTJ 073.2

《公路桥梁伸缩装置》JT/T 327
《公路桥梁钢结构防腐涂装技术条件》JT/T 722
《公路LED照明灯具》JT/T 939
《道路智能化交通管理设施设置要求》DB11/776.3
《公路护栏设置规范》DB11/844
《废胎橡胶沥青路用技术要求》DB11/T 916
《城市道路空间规划设计规范》DB11/1116

3 术语和定义

下列术语与定义适用于本文件。

3.0.1 城镇化公路 urbanization highway

处于规划的城（乡）镇建设用地、产业用地（工业区、物流园区、综合开发区等）及其他城市建设用地范围内的公路。

3.0.2 农村公路 rural highway

纳入本市相关规划，并参照公路工程技术标准修建的乡道、村道及其所属设施。包括乡道、村道范围内的桥梁、隧道和涵洞。

3.0.3 建筑信息模型 building Information model & building information modeling（BIM）

在建设工程及设施全寿命周期内，对其物理和功能特性进行数字化表达，并依此设计、施工、运维的过程和结果的总称。

4 总体设计

4.1 一般规定

4.1.1 公路工程新建和改（扩）建项目可分为方案设计、项目建议书（代可行性研究报告）、初步设计及施工图设计阶段。所有项目均应进行方案设计，方案设计应符合本标准4.2节的规定，初步设计阶段及施工图设计阶段应满足公路工程行业标准的规定。

4.1.2 二级以上等级公路（含二级），及二级以下等级公路涉及地形、地质等自然条件复杂的山区或重要节点（大型桥梁、隧道、路线交叉）的项目，应进行初步设计和施工图设计；其他项目可直接进行包含初步设计的施工图设计。

4.1.3 设计控制要素见附录 A。

4.1.4 设计方案编制的要求见附录 B。

4.2 方案设计

4.2.1 方案设计阶段应以规划方案（规划条件）为依据开展工作。由于项目上位规划、功能定位、建设条件、投资主体、设计标准等发生变化，导致批复意见无法执行时，应进行分析、论证，并提出解决方法。应上报审批部门对批复意见进行调整。

4.2.2 方案设计应加强对控制点和走廊带的研究工作，应针对项目的路网结构、路网整体功能、交通量及交通特征分析、区域的社会经济效益等方面进行多方案比选论证。

4.2.3 方案阶段应对沿线农用通道、相交支路路口、涵洞、预留地方灌溉管线等设施的合理布设征求地方政府意见。

4.3 设计要点

4.3.1 总体设计中应综合各专业设计内容，使各专业设计成为完整设计的一部分。总体设计应确定总体要求，各专业设计均应围绕设计主题展开。各专业、各细节的设计手法和目的均应体现共同主题，追求共同效果。

4.3.2 总体设计应将"集约利用通道资源、严格保护土地资源、积极应用节能技术和清洁能源、大力推行废旧材料再生循环利用"作为设计原则，应在工程设计阶段将公路的运营和维护纳入考虑，突出全寿命周期成本理念。

4.3.3 应协调好外部环境与内部各专业之间的关系，应合理确定项目及其各分项的技术标准、建设规模、主要技术指标、界面划分和设计方案，保证设计成果的合理性、完整性、系统性、统一性，有助于项目功能与周围环境的融合，也有助于项目各专业间的协调统一。

4.3.4 总体设计应充分利用现有道路设施，减少拆迁占地。用地线应控制在红线范围内。应严格保护土地资源、避让基本农田、解决耕地超占、减少土地分割、提高土地集约利用程度。

4.3.5 总体设计应注意地区特性与差异，应满足施工工期的要求，减少施工对交通通行的影响。

4.3.6 应在编制可行性研究报告阶段进行环境保护、水土保持、防洪影响评价、地质灾害、地震安全、压覆矿藏、占地、社会稳定等专项评价（估），对于重大结构物（大型桥梁、长隧道等）应开展专项风险评估，存在安全风险隐患的项目宜开展安全风险专项评价。设计中应采取针对性技术措施并且不违背专项评价批复意见。应将发生的费用纳入项目投资。

4.3.7 应推行公路工程设计标准化。各专业应相互配合有利于标准化设计。

4.3.8 相关阶段基础资料应全面、准确、可信，方案阶段可采用1∶10000地形图进行初步选线，应对既有公路相关资料、相交道路、用地、管线、河道、桥梁、铁路、轨道、村镇、文物、古树等进行现场踏勘校核及外业调查；初步设计阶段应进行地形图测量，平原区1∶500～1∶1000，山区1∶1000～1∶2000；应对道路、中小桥详勘，重大结构物初勘进行地质勘查委托。

4.3.9 道路应与周围环境、景观相互协调，总体设计中应有景观设计专项内容。

4.3.10 道路排水设计应以城市排水规划方案、规划条件或相关规划资料为依据开展工作，无排水规划时，应先做出排水规划或排水方案，再进行设计。属市政界内的道路排水设计应与市政排水系统相结合，按市政排水系统采用雨、污分流制，城郊界应建立独立的排水系统，增加必要的线外工程和穿越道路的涵洞、涵管工程，以确保汛期排洪安全；公路中应加强下凹式桥涵、隧道等重点结构物的排水设计，合理选择设计标准。

4.3.11 公路应探索海绵城市关于"小雨蓄起来，中雨排出去，大雨别成灾"的对策。可考虑将雨水蓄存、充分利用，并加以防范。应加强原有的周边水系及管渠系统的保护，使之正常运行。应对径流污染进行控制，排蓄结合渗透补充地下水。景观设计中宜加入雨水与水环境因素。城镇化公路排水应参考市政道路进行设计；在保证路基稳定的前提下，可大量采用土质植草边沟；应完善桥梁雨水收集系统、蒸发池等蓄水构造物。

4.3.12 道路路线布设、纵断面设计、横断面布置、结构物形式的选择都应充分考虑对噪声环境敏感点的影响。

4.3.13 道路前期踏勘中应加强对沿线居民风土人情、民俗文化的调查工作，路线布设时应合理避让。

4.3.14 工程设计、建设和运维的所有各方应从工程全寿命周期包括规划、设计、建造施工、运营、维护的全过程推广应用建筑信息模型（BIM）新技术。

4.3.15 公路改扩建应满足以下要求：

    1 公路改扩建时机应根据实际服务水平论证确定，一至三级公路服务水平宜在降低到三级服务水平下限之前，四级公路可根据具体情况确定；

2 改扩建公路的设计速度确定，应结合现有公路周边地形、地貌，综合考虑改扩建公路功能定位、建设条件、运行速度、土地利用等因素，如提高设计速度将诱发工程地质灾害、大幅增加工程造价或对保护环境、文物有较大影响时，局部路段可维持原设计速度，一、二级公路维持原设计速度的路段长度不宜大于10km；

3 一至三级公路改扩建时，应做交通导改的设计方案；

4 公路改扩建时应对既有公路进行调查与评价；

5 公路改扩建时对既有公路调查应采用资料收集、现场调查、测量、试验检测等手段。资料收集宜包括建设期和运营期的设计、施工、养护、运营管理等相关资料；

6 应运用经验判断、指标对照、统计分析、结构计算等方法，从行车安全性、承载能力、稳定性、规范符合性、功能适应性等方面对既有公路做出定性或定量的评价。

5 路　　线

5.1 一　般　规　定

5.1.1 公路选线应遵循"安全选线、环保选线、地质选线，并与技术指标相协调"的原则，正确处理公路建设与自然景观、人文景观的关系，公路建设与占地、拆迁的关系，合理利用路线走廊带，应将占地作为路线方案选择和优化的重要因素，提高土地的集约利用程度，节约占地。

5.1.2 应根据路线在路网中的位置、功能定位，综合考虑路线走廊带范围的规划布局、自然地理环境、社会经济发展情况等建设条件，确定本项目起讫点、主要控制要素、路线走向布局，以协调与之相关的铁路、河道、道路、管线等其他项目基本要求及衔接关系，合理避让村落、文物、军事设施、古树、高压走廊等重要地物、不良地质区域（活动断裂带、大型滑坡、泥石流等）以及环境敏感点。

5.1.3 路线布设应充分改善既有道路的连通，保证区域内生产生活的需要，尽量避免对村镇的分割，减少过境交通对村镇生活环境的影响，同时应考虑公路经过村镇给沿线居民出行带来的影响，必要时应在公路外侧单侧或双侧设置辅路系统，集散地方交通出行。一级公路宜做到近村镇而不进村镇。

5.1.4 路线布设应充分考虑水库、地下水资源保护区、河流等水资源敏感区的特殊功能要求，应进行专项排水设计，应对道路雨水集中收集、净化再排除，严禁对水资源造成污染。

5.1.5 各级公路线形设计应使之在视觉上诱导视线，在心理上感到舒适和安全，应保持线形的连续性、同沿线环境相协调。应以运行速度理论指导路线方案选择和线形设计，应保障行车安全、连续流畅。

5.1.6 路线布设时，应避让古树，应优先考虑避开整片的林木，做到尽量少伐（移）树。

5.1.7 路线起讫点应和既有规划道路相衔接，并充分考虑位置、高程、断面及附属设施的衔接。不同技术标准道路相接时应设置过渡段。路线起讫点和拟建公路相接时，应进行控制测量点联测；和既有公路相接时，应实地测量既有道路几何参数。起、终点在市界、且市外道路也处于新建或改建中，应提前进行技术衔接。

5.1.8 平原区公路应采用零填或填方路基不高于原状地面1.5m的低填路基。一般市区、平原地区主线桥梁路桥分界高度应控制为4m～7m。山区公路高填方路段高于12m应布设桥梁代替路基。支线上跨桥梁的分界高度可以适当提高。

5.1.9 平原区公路若下穿铁路或受限制不能跨越相交道路必须采用下挖式路基时，应做好防排水设计并提出整体安全保证措施。

5.1.10 公路改扩建项目应遵照利用与改造相结合的原则，应按规定公路等级的技术指标，合理、充分地利用原有工程。山区公路提级改建局部受限制路段，在不影响行车安全性的前期下，平面、纵断面中技术指标经充分论证后可维持原设计标准，横断面设计可在保证功能的情况下采用灵活的布置。

5.1.11 公路改扩建项目应根据现行标准对运营阶段评价的规定收集资料，调查交通量及事故资料，并进行平面、纵断面及横断面测量。根据现行标准对运营阶段评价的要求，结合道路等级进行既有公路设计符合性以及安全性评价。既有公路运营阶段存在安全隐患的路段，在路线设计中应采取相应措施；不存在安全隐患的路段，可维持既有公路现况。

5.1.12 改扩建路线设计，应根据总体方案，结合既有公路利用与改造要求，合理确定指标。

5.1.13 改扩建公路应结合既有公路两侧用地、拆迁、树木情况，合理选择单侧加宽或两侧加宽的横断面布置方式。

5.1.14 改扩建公路平面设计中应对拼宽路段进行线形拟合，在不影响交通功能与行车安全的前期下，尽量利用既有公路。

5.1.15 改扩建公路纵断面设计中，既有公路路基高度不满足设计水位要求时，应抬高纵断面线形或采取其他有效措施，如防水墙；纵断面线形应通过对既有公路的线性拟合，以既有构造物为控制点，结合既有桥梁改造利用的方案，满足路面加铺和补强的需要进行设计。

5.1.16 二级及以上的干线公路应进行公路项目安全性评价，二级以下公路可根据实际情况进行公路项目安全性评价。

5.1.17 应根据区域规划和交通需求，研究设置慢行交通系统的必要性。慢行交通系统应体现以人为本的理念，满足行人、非机动车的使用要求，加强和公共交通系统无缝衔接。城镇化路段应通过利用和整合土地，拓展慢行系统空间，细化慢行道路和景观设计，提升环境质量。

5.2 路线交叉

5.2.1 一般规定

5.2.1.1 应根据建设条件、交通量、交通组成等因素拟定适宜的路线交叉形式和交通管理方式。

5.2.1.2 路线交叉宜采用平面交叉，按道路性质进行交通管理；位于村镇路段、横向交通量大、车辆混行严重路段，平面交叉可采用信号灯管理；直行和横向交通量均较大，采用信号灯管理直行交通延误较严重时，可采用立体交叉。

5.2.2 平面交叉

5.2.2.1 平面交叉设计方案应满足设计年限初的服务水平要求及设计年限末的通行能力要求。对于分期实施的平面交叉，应对远期方案一并考虑，应使近期方案和远期方案能良好地结合。预留远期方案用地条件。

5.2.2.2 平面交叉交角应大于60°，当交角不满足要求时：

　　1 应根据平面交叉条件及各向车流的大小，合理地组织交通。必要时可禁行部分次要流向，利用路网疏解，确保主要流向的安全与通畅；

　　2 可将相交道路进行改移设计。

5.2.2.3 三级及以上公路的平面交叉均应根据交通需求进行渠化设计，宜采用信号灯控制。

5.2.2.4 被交道路顺接段应纳入平面交叉设计范围，其延伸长度应以平纵横断面和路面改建与既有道路顺接为准。位于村镇路段的平面交叉宜满足现行国家标准 GB 50647 要求。平面交叉设计应满足以下要求：

　　1 平面交叉设计应与公交停靠站统一考虑，根据公交线路走向、平面交叉交通状况，结合站点类别、规模、用地条件合理确定，并保证乘客安全，方便候车、换乘、过街，有利于公交停靠，且不影响平面交叉通行能力。

　　2 平面交叉机动车设计交通量应区分直行及左、右转交通量，合理确定进口道车道数以及各转向车道数的分配。

　　3 公路平面交叉内的车道宽度不宜小于 3.5m。

　　4 进口道长度包括展宽渐变段与展宽段组成，展宽渐变段最小长度 20m～30m；展宽段最小长度 30m～90m，与三级公路相交取下限，与一级公路相交取上限。

　　5 出口道长度由出口道展宽段和展宽渐变段组成，展宽段最小长度 30m～60m，交通量大的一级公路取上限，其他可取下限；当设置公交停靠站时，应再加上站台长度。展宽渐变段最小长度不宜小于 20m。

5.2.2.5 互通立交匝道与既有公路平面交叉时，应按规划和交通需求对被交道路进行改扩建，应设置变速车道及渐变段、左转弯等待车道、分隔岛等设施；当被交道路平面、纵断面线形不满足设置平面交叉条件时，应予改建。菱形、部分苜蓿叶形等互通立交在被交道路上设置两处平面交叉，两处平面交叉之间的被交道路局部路段应加宽，并不应设置人行横道线。

5.2.2.6 纵断面设计应满足以下要求：

　　1 平面交叉范围内，两条相交公路的纵断面宜平缓。纵断面线形应满足停车视距的要求。

　　2 主要公路在交叉范围内的纵坡宜在 0.3%～3% 的范围内；次要公路紧接交叉的引道部分宜以 0.5%～2.0% 的上坡通往平面交叉。平面交叉范围内应进行单独的竖向设计及合理设置排水设施。

　　3 主要公路在平面交叉范围内的圆曲线设置超高时，次要公路的纵坡应服从主要公路的横坡。

　　4 不应在平面交叉范围内设置凹形变坡点，不应在平面交叉范围内设置纵坡的最低点。

5.2.3 立体交叉

5.2.3.1 满足以下条件时，宜按交通需求设置互通式立体交叉：

1 两条具有干线功能的一级公路相交时；
2 平面交叉的通行能力不足或存在潜在交通安全隐患的一级公路；
3 由于地形或场地条件等原因设置互通式立体交叉的综合效益大于设置平面交叉。

5.2.3.2 应根据功能、交通量和场地条件拟定互通式立体交叉形式，宜采用全互通式立体交叉。非收费公路优先采用部分苜蓿叶形，占地受限时方可采用菱形，并应采取相应措施避免形成堵点。

5.2.4 其他路线交叉

5.2.4.1 整条公路人行过街设施应统一考虑，要考虑公路两侧的用地性质和规划，应适当超前考虑预留足够的人行过街设施。宜根据平面交叉形式布设平面交叉处的人行过街设施，宜根据道路两侧特殊用地（如学校、医院、商业、敬老院等）考虑路段上的人行过街设施。应优先考虑行人平面过街。

5.2.4.2 新建轨道交通上跨既有公路时，桥梁应考虑公路远期规划断面并考虑公路拓宽的方式布设桥孔。轨道交通桥梁承台如在道路红线范围内埋深应预留足够深度（大于5m）。桥墩应做好防护。

5.2.4.3 普通公路与既有铁路交叉应征求铁路部门意见。应根据铁路部门预留的空间选择下穿或者上跨铁路的分离式立交方案，方案应进行投资对比分析。

6 路 基

6.1 一 般 规 定

6.1.1 路基设计时应收集公路沿线自然条件（气候、水文、地形地貌、地质、地震）、筑路材料等资料，应做好沿线地质、路基填料勘察试验工作，查明地层岩土性质、厚度、空间分布特征及有关物理力学参数。

6.1.2 应根据公路的功能和等级，遵循因地制宜、就地取材、节约土地、保护环境的原则，通过技术经济综合比选，合理确定路基方案，做好综合设计。

6.1.3 路基设计前应对高填深挖、挡土墙、河道改移等重要工点进行必要的地质勘查和测量工作。对于早期修建的山区公路挖方边坡因施工不到位，存在安全隐患路段，除进行地质勘察外，还应进行地质灾害评价。

6.2 一 般 路 基

6.2.1 路基横断面

6.2.1.1 应结合区域特点、规划要求及实际条件，对路基横断面布置进行优化、论证。

6.2.1.2 公路路基宽度为车道宽度与路肩宽度之和，应计入中间带、爬坡车道、加（减）速车道、避险车道、慢车道的宽度。

6.2.1.3 规划方案（条件）对公路断面有要求的，应优先采用规划断面。当未采用规划断面时，应论证说明其合理性并上报规划部门审批。当用地范围与规划红线有冲突时，应结合沿线具体情况调整横断面布置、竖向设计、边坡防护等，或经相关单位协调解决。

6.2.1.4 规划方案（条件）对公路断面没有要求的，应根据公路现行规范要求进行断面布置，并论证说明其合理性，应满足一般值要求，不宜采用最小值。

6.2.1.5 规划方案（条件）对公路断面没有要求且途经景区、村庄等人口密集区域时，横断面布置应考虑慢行系统及公交停靠站需求。

6.2.1.6 遇到特殊情况时应满足以下要求：

1 当遇桥梁墩柱基础、挂牌古树等时，在满足道路建筑限界的情况下，宜采用设置分隔带、绿化带的方式合理调整道路断面布置，减少迁建、砍伐、移植等工程。

2 当路基横断面宽度大于12m时，结合规划、实际条件及交通组成情况，宜参照城镇化公路、城市道路优化断面布置，并设置完善的交通安全设施引导交通分向、分道行驶。

3 三级公路设计速度小于等于30km/h的车道宽度不宜小于3.5m。

4 横断面宽度发生变化的路段，应设置顺适的过渡段和必要的交通安全设施。

5 连续长、陡下坡路段，根据需要可在驶出方向右侧视距良好的适当位置设置避险车道。一级公路当车辆组成中大、中型货车占50％以上时，避险车道宽度不宜小于12.5m；当车辆组成中大、中型货车比例较小时，宽度不宜小于8.0m；二级以及二级以下公路宽度不宜小于4.5m。

6 山区公路具有旅游需求时，可根据地形情况设置停车点。停车点的位置及规模应根据地形、道路线形、取弃土场位置等因素综合考虑。

6.2.1.7 公路设置防护设施、交通标志等时应保证路基侧向净宽。设置护栏等设施后，不满足侧向净宽的要求时，应加宽土路肩。

6.2.1.8 一级公路路拱坡度可选用1.5％～2％，二、三、四级公路路拱坡度可采用1.5％。

6.2.2 沿河、沿溪路基高度

6.2.2.1 沿河、沿溪路的路基边缘标高，应不低于路基设计洪水频率的水位加壅水高、波浪侵袭高以及0.5m的安全高度。有旅游公路功能的山区四级公路路基设计洪水频率宜参照三级公路执行。各级公路路基设计洪水频率应符合表6.2.2要求。

表6.2.2 路基设计洪水频率

公路等级	一级公路	二级公路	三级公路	四级公路
设计洪水频率	1/100	1/50	1/25	1/25 或按具体情况确定

6.2.2.2 漫水路基应在该路段起、终点附近设置醒目的警告标志，在路肩边缘应设置防护柱、轮廓标及高度尺；宜采用水泥混凝土路面，路面应采用抗滑构造。

6.2.3 土路肩

6.2.3.1 二级（含）以上公路及对景观要求严格的路段，土路肩宜采用植草防护；有地表水冲刷时可采用空心混凝土砖结合植草防护。

6.2.3.2 路基宽度较窄及山区三级及以下公路宜适当增加硬化土路肩厚度。厚度宜为10cm，特殊情况宜为15cm～20cm。地表水冲刷严重路段宜对土路肩进行硬化。硬化土路肩的材料可采用现浇混凝土、铺砌混凝土预制块、栽砌卵砾石及天然石材等。

6.2.4 路基填料

6.2.4.1 路基填料宜优先采用级配良好的砾类土、砂类土和碎石土等粗粒土。对不满足最小强度（CBR）要求的路基填料应进行改良处置。自采、外购材料应调查材料的产地，应征求相关部门的意见并取得相关协议。

6.2.4.2 应减少施工现场的建筑垃圾并尽可能重新利用，应重视废渣土、废旧混凝土和废旧砖石及其他废旧圬工砌体的再利用，应结合实际条件在路基填料及基底换填处理中予以考虑。对于重新利用有困难的则应适当予以处理。

6.2.4.3 当受条件限制需采用粉质黏土、黏土等细粒土作为填料，填料 CBR 值不满足要求时，宜结合工程实际情况进行物理或化学改良。物理改良掺加料可采用砂、砾石、碎石等，化学改良可掺加石灰、水泥或粉煤灰等无机结合料。化学改良方法可参照下述指标选用：

1 塑性指数小于 10 的低液限土，适宜用水泥处治。

2 塑性指数介于 10～26 的黏质土、粉质土，适宜用石灰处治或者石灰粉煤灰处治。

3 塑性指数偏大的黏质土，宜采用二次掺石灰的处置方法。

6.2.4.4 桥涵台背填筑、路面下暗埋管线沟槽回填宜采用级配良好的砂砾、粗砂等粗粒土逐层回填压实。暗埋管线管顶覆土厚度（路床顶以下）不宜小于 70cm，否则应采取适当的加固措施。

6.2.4.5 清表土的厚度应以实际调查为准，清表土不应弃用，可作为绿化、复垦种植用土。

6.2.5 取土、弃土

6.2.5.1 路基设计应遵循"零弃方、少借方"的原则。

6.2.5.2 取土应参照以下原则：

1 应因地制宜、合理利用当地材料、工业废料与建筑渣土。

2 表层土中有机质含量少于 5% 的素填土应利用，对杂填土及表层有机质含量大于等于 5% 的素填土（耕植土）建议换填。含草皮、生活垃圾、树根、腐殖质的土严禁作为路基填料，须全部清除。

3 平原区主要采取外运的取土方式，也可结合城市规划、河道治理、湖塘造景等取土。

4 山区公路应合理控制路基填挖高度，保持土石方数量填挖平衡，以减少取土、弃土用地。路基填方应尽量利用挖余土方，不足部分采取集中取土方式。

5 取土场应尽量少占耕地和林地，远离水源，宜选择在荒山、荒坡、人口稀少的低产田。

6.2.5.3 弃土弃渣参照以下原则：

1 尽量加强土石方的综合利用，减少弃土、弃渣对环境的影响。弃土可作为施工场地、停车场、观景台等工程填筑。

2 尽量少占用耕地、林地，宜选择在荒地、需回填的采沙坑、坑塘处，以利于造地复垦。

3 弃土、弃渣场宜选取周边地质构造稳定、地形条件有利于布设拦渣设施、弃渣后便于采取措施恢复利用之处。

6.2.6 深挖方路堑

深挖方路堑应进行详细的工点设计，除保证设计稳定性外，还应考虑施工的可行性、安全性。岩质边坡的开挖一般应采用预裂爆破、光面爆破。不具备爆破条件时可采用破碎锤开挖方式。

6.3 特 殊 路 基

6.3.1 软土地基应重视工程地质勘查工作，应采用现场钻探与原位测试相结合的方法查明软土的工程性质。

6.3.2 软土路基的设计与施工方案，应做到技术可行、经济合理、因地制宜、保护环境；应积极采用成熟可靠的新技术、新材料、新设备、新工艺。

6.3.3 平原区及山间盆地的鱼塘、河沟、湿地等特殊地段存在软弱地基，应结合地质勘察报告、工程具体情况和实际条件确定相宜的处理措施。

6.3.4 道路工程跨越垃圾回填场地时考虑减少占地、避免对环境的二次污染宜采取换填处理。

6.4 路 基 排 水

6.4.1 一般规定

6.4.1.1 路基排水设计应根据公路等级，沿线地形、地质、气象、桥涵位置等条件，应结合路面排水、路基防护、地基处理方式等综合考虑、系统设计，形成完善的防排水系统。

6.4.1.2 应调查公路周边水系以及排水下游出处，对已有排水设施应查明各结构物产权单位并征求相关意见。

6.4.1.3 路基排水设计应与农田水利建设规划相配合，防止冲毁农田或危害农田水利设施，当路基占用灌溉沟渠时，应予恢复，并采取必要的防渗措施。

6.4.1.4 公路穿越村镇居民区时，排水设计应与现有给水、排水设施及建设规划相协调。沿河、沿沟路段的防排水设施工程应与河道、沟道整治工程相协调。

6.4.1.5 公路下凹式桥区雨水泵站系统的设计应符合北京市相关标准的规定。

6.4.1.6 采用敞开式深边沟时，路侧应设置护栏；路侧未设置护栏时，应采用带泄水孔的钢筋混凝土盖板边沟。

6.4.2 山区路基排水

6.4.2.1 修建山区公路改变了原有地形并切断了天然排水系统、现有排水管渠的排水出路时，可采用埋设过路涵洞或改道绕行和另寻出路等。应重视排洪沟与涵洞的衔接、涵洞进出口与路基边坡的协调性，当地面横坡较大时涵洞进出口宜设置消力池、跌水井。

6.4.2.2 山区路段结合主体工程及与周边环境相协调的需求，挖方边沟可采用倒三角形、浅蝶形或矩形等形式。边沟纵坡应与路线的纵坡一致，并不宜小于0.3%，边沟的单向排水长度不宜超过300m～500m，当纵坡大于3%时，应考虑加固。边沟加固材料宜采用浆砌片石、卵石、水泥混凝土预制块，采用页岩砖时需进行抹面处理。

6.4.2.3 挖方路段或斜坡路堤上方流入路界的地表径流量较大时应设置矩形或梯形截水沟。深路堑或高路堤坡面径流量大时应设置平台排水沟，如图6.4.2所示。陡坡或沟谷地段的排水设施宜结合现场情况增设急流槽（管）、跌水等消能结构物。

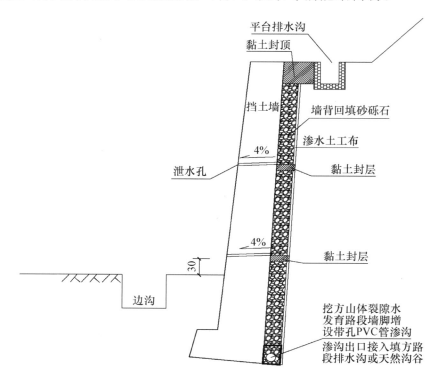

图6.4.2 路堑挡土墙排水设计

6.4.2.4 地形平缓无固定沟槽的山前冲积扇及其他漫流地区，应按分片泄洪的原则在桥涵上下游地段设置必要的导流设施。导流设施应与桥涵顺畅衔接。

6.4.3 平原区及穿越城镇、村庄等民居密集地区路基排水

6.4.3.1 平原区排水应优先采用植草土质排水沟。

6.4.3.2 公路排水设施应与城镇现有或规划的排水系统相协调。为保证城镇排水的安全性，应将公路排水系统与城镇排水系统分开设计。

6.4.3.3 排水沟应保证居民出行安全和车辆通行安全，宜采用占地少的矩形断面。穿越城镇、村庄等民居密集地段应设置带泄水孔的盖板边沟或管道的路基排水方式。其他应按第14章的要求执行。

6.5 路基防护与支挡

6.5.1 一般规定

6.5.1.1 应重视深挖高边坡设计，应在方案阶段就深挖高边坡和隧道方案进行综合技术经济比选。在初步设计阶段应选用合理的深挖高边坡坡率，应避免一坡到顶。

6.5.1.2 边坡防护工程应在稳定的边坡上设置，对于不稳定的边坡应采取合理的加固措施。

6.5.1.3 防护原则应以植物防护为主、工程防护与植物防护相结合。

6.5.1.4 防护类型选用应根据公路等级、当地气候、水文、地形、地质条件及筑路材料分布情况确定，并与周围景观协调。

6.5.2 山区路基防护

6.5.2.1 山区路基防护重点考虑路堑边坡防护，见表6.5.2。

表6.5.2 路堑边坡防护推荐表

边坡岩性	坡率	坡高（m）	边坡平台（m）	防护形式
土质	1:1～1:1.5	6～8	2～4	植草、土工网植草、拱形骨架植草
强风化岩	1:0.75～1:1.25	6～8	2～4	护面墙、拱形骨架植草、SNS网防护
弱、中风化岩	1:0.5～1:0.75	8～10	2～4	护面墙、矮墙＋SNS防护网、锚杆框格骨架

6.5.2.2 上边坡崩塌、落石防护应结合地形、地质条件及工程具体要求可采用SNS防护网结合攀爬植物绿化、SNS防护网结合植生袋绿化、阶梯式护面墙结合绿化、锚杆（索）框格结合绿化以及其他与周边自然景观融合的防护墙等方式。

6.5.2.3 沿河、沿沟路段的下边坡主要采用浆砌片石护坡或浆砌片石、现浇混凝土挡土墙，冲刷特别严重的河道凹弯路段应采用片石混凝土结构。局部冲刷深度过大的路段应增设护坦、石笼等基础防护措施。

6.5.3 平原区路基防护

6.5.3.1 平原区道路边坡宜优先考虑采用植草、骨架植草及减少占地的矮挡墙防护。

6.5.3.2 支挡防护的结构形式结合地形、地质条件及具体工程要求宜采用重力式、悬臂式、扶壁式或桩板式等形式的挡土墙。

6.5.3.3 重力式挡土墙一般路段宜采用片石混凝土结构，不宜采用浆砌片石砌筑。

6.5.3.4 结合公路整体景观绿化的需求，在支挡防护结构的适当部位可配设绿化池等附属设施。

6.6 改扩建设计

6.6.1 一般规定

改扩建公路，路基路面应协调设计；拓宽路基与既有路基之间应衔接良好，并应采取措施减小拓宽路基与既有路基之间的差异沉降和变形。

6.6.2 既有路基调查与评价

6.6.2.1 既有路基调查应采取资料收集、现场调查和勘探试验相结合的综合方法。

6.6.2.2 应收集既有道路的地基及路基勘察、设计、施工、竣工、运营和养护、维修等方面的资料。

6.6.2.3 应根据路况合理划分单元，选择代表性断面对既有公路各结构层及地基进行勘探试验，取得路基、路床的物理、力学参数；选择代表性路段进行弯沉、承载板测试，确定其回弹模量。

6.6.2.4 应对既有路基填料强度、压实度、土基干湿状态、边坡稳定情况做出评价，对于既有公路病害类型、范围、成因及整治效果做出评价，提出改扩建时整治措施。

6.6.2.5 对既有路挖方边坡，存在安全隐患路段，除进行地质勘察外，还应进行地质灾害评价。

6.6.3 既有路基利用与处治

6.6.3.1 既有公路拓宽宜采用单侧加宽的方式，既有路基利用宜遵循宁填勿挖的原则。

6.6.3.2 既有公路利用前应对病害进行处治，根据路基高度及病害情况采取翻挖掺灰或换填处理。对于模量满足要求的路段可采取路面补强设计，模量较低的路段可作为土基。加宽前应对既有公路地基进行处理，对既有公路边坡开挖台阶、加铺土工材料等，加宽路基应分层填筑压实。加宽路基的拼接参见图6.6.3。

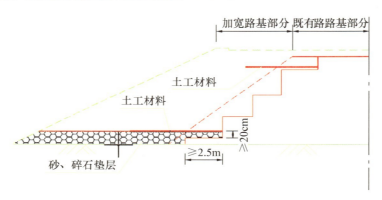

图6.6.3 加宽路基的拼接

6.6.4 排水、防护工程

6.6.4.1 改扩建公路应重视路基排水的断面、形式、尺寸的优化。因设置排水边沟而扩大挖方界面、破坏山体自然景观时，宜考虑浅碟形边沟与硬化土路肩合为一体，或采用带泄水孔的钢筋混凝土盖板矩形边沟，以减少开挖量。

6.6.4.2 对于既有公路的高陡上边坡存在崩塌、落石等边坡隐患不利于直接防护路段，宜优先考虑采取施工快速、方便并且对道路交通干扰小的主、被动SNS网防治措施。对于坡高较小且有刷坡治理空间的边坡可采取设置挡土墙、碎落平台，并适当刷坡、清理坡面上不稳定岩体的防治措施。同时应做好坡顶及坡面的截排水设施。

6.6.4.3 软土路段需对既有公路及加宽部位进行勘察，分析既有公路软土路基的固结度、剩余沉降量，评价既有公路的路基处理措施的合理性，确定改扩建的路基处理措施，减少差异沉降。

6.6.4.4 软土拼宽路段应采取较强的处理措施，减少差异沉降。对于浅层的软土应采取换填措施，对于深层的软土宜采取复合地基处理措施。

7 路 面

7.1 结构组合设计

7.1.1 一般规定

7.1.1.1 道路结构设计应使用推荐的典型结构图，并应满足相关设计规范。

7.1.1.2 应考虑路面与路基的一体化协调，路面结构组合应与路基状况适应。

7.1.1.3 应积极推广应用长寿命路面理念和技术，应考虑各结构层的特性及功能进行分层设计，针对不同结构层位应提出不同的技术指标。

7.1.1.4 应积极推广"绿色公路"、"智慧公路"理念技术在路面结构设计中的应用，在保证道路性能、安全和交通服务功能的基础上，宜考虑防滑、降噪、排水（透水）、彩色、融冰雪、阻燃等多功能路面设计。

7.1.1.5 宜考虑结构－材料一体化设计技术，为保证设计理念的贯彻落实应对材料生产、路面施工提出针对性的要求。

7.1.1.6 应充分考虑路面防水、排水设计，应重视采用路面层间结合技术。

7.1.1.7 应推广运用新材料、新结构、新工艺，提高路面耐久性。宜采用低碳环保、技术成熟的温拌合再生技术。

7.1.2 交通等级

7.1.2.1 公路交通等级应按照累计标准轴载作用次数和中型及其以上货车的日通行量为标准进行分级，交通等级划分见表7.1.2。

表 7.1.2 公路交通等级划分

名　　称	特重交通			重载交通	中等交通	轻交通
	Ⅰ	Ⅱ	Ⅲ			
累计荷载作用次数（万次）	>10000	5000～10000	2500～5000	1200～2500	300～1200	<300
中型以上货车及大型客车日交通量［辆/(d·车道)］	>5000	3000～5000	2000～3000	1200～2000	800～1200	<800

注：中型以上货车及大型客车日交通量指自然车数量。

7.1.2.2 城乡接合部及远郊区县城的公路，兼具城市道路和公路的功能，两种交通类型均需要考虑。根据实际情况选择一种交通类型为主，或将两者综合考虑。

7.1.3 典型结构

7.1.3.1 可根据公路等级、交通等级选择相应的路面结构类型，见表 7.1.3-1 和表 7.1.3-2。厂拌热再生和厂拌冷再生沥青混凝土的性能达到相应热拌沥青混合料设计参数要求时，可等厚替代相应层位的热拌沥青混凝土。

表 7.1.3-1 公路推荐典型结构（半刚性基层）

公路等级	路基等级	特重交通			重载交通	中等交通	轻交通
		一级	二级	三级			
一级公路	S1	—			15～18cmAC	15～18cmAC	15～18cmAC
					36～40cm 水稳级配碎石	36～40cm 水稳级配碎石	36～40cm 水稳或二灰稳定碎石
					36～40cm 水稳或二灰稳定碎石	18～20cm 水稳或二灰稳定碎石	18～20cm 水稳或二灰稳定土
	S2	—	15～18cmAC	15～18cmAC	15～18cmAC	15～18cmAC	15～18cmAC
			36～40cm 水稳级配碎石	36～40cm 水稳级配碎石	36～40cm 水稳或二灰稳定碎石	36～40cm 水稳或二灰稳定碎石	18～20cm 水稳或二灰稳定碎石
			36～40cm 水稳或二灰稳定碎石	18～20cm 水稳或二灰稳定碎石	18～20cm 水稳或二灰稳定碎石	18～20cm 水稳或二灰稳定碎石	36～40cm 水稳或二灰稳定土
	S3	15～18cmAC	15～18cmAC	15～18cmAC	15～18cmAC	15～18cmAC	15～18cmAC
		36～40cm 水稳级配碎石	36～40cm 水稳级配碎石	36～40cm 水稳级配碎石	36～40cm 水稳或二灰稳定碎石	18～20cm 水稳或二灰稳定碎石	18～20cm 水稳或二灰稳定碎石
		36～40cm 水稳或二灰稳定碎石	18～20cm 水稳或二灰稳定碎石	18～20cm 水稳或二灰稳定碎石	18～20cm 水稳或二灰稳定碎石	36～40cm 水稳或二灰稳定碎石	36～40cm 水稳或二灰稳定碎石
	S4	15～18cmAC	15～18cmAC	15～18cmAC	15～18cmAC	15～18cmAC	15～18cmAC
		36～40cm 水稳级配碎石	36～40cm 水稳级配碎石	18～20cm 水稳或二灰稳定碎石	18～20cm 水稳或二灰稳定碎石	18～20cm 水稳或二灰稳定碎石	18～20cm 水稳或二灰稳定碎石
		18～20cm 水稳或二灰稳定碎石	18～20cm 水稳或二灰稳定碎石	36～40cm 水稳或二灰稳定土	36～40cm 水稳或二灰稳定土	36～40cm 水稳或二灰稳定土	36～40cm 水稳或二灰稳定土

续表 7.1.3-1

公路等级	路基等级	特重交通			重载交通	中等交通	轻交通
		一级	二级	三级			
二级公路	S1	—			9～12cmAC	9～12cmAC	9～12cmAC
					36～40cm 水稳或石灰稳定碎石	36～40cm 水稳或石灰稳定碎石	36～40cm 水稳或石灰稳定碎石
					18～20cm 水稳或二灰稳定碎石	18～20cm 水稳或二灰稳定碎石	18～20cm 水稳或二灰稳定土
	S2	—		9～12cmAC	9～12cmAC	9～12cmAC	9～12cmAC
				36～40cm 水稳或石灰稳定碎石	36～40cm 水稳或石灰稳定碎石	36～40cm 水稳或石灰稳定碎石	19～20cm 水稳或石灰稳定碎石
				18～20cm 水稳或二灰稳定碎石	18～20cm 水稳或二灰稳定碎石	18～20cm 水稳或二灰稳定土	36～40cm 水稳或二灰稳定土
	S3	—		9～12cmAC	9～12cmAC	9～12cmAC	9～12cmAC
				36～40cm 水稳或石灰稳定碎石	36～40cm 水稳或石灰稳定碎石	36～40cm 水稳或石灰稳定碎石	19～20cm 水稳或石灰稳定碎石
				18～20cm 水稳或二灰稳定碎石	18～20cm 水稳或二灰稳定碎石	18～20cm 水稳或二灰稳定土	36～40cm 水稳或二灰稳定土
	S4	—		9～12cmAC	9～12cmAC	9～12cmAC	9～12cmAC
				36～40cm 水稳或石灰稳定碎石	19～20cm 水稳或石灰稳定碎石	19～20cm 水稳或石灰稳定碎石	19～20cm 水稳或石灰稳定碎石
				18～20cm 水稳或二灰稳定土	36～40cm 水稳或二灰稳定土	18～20cm 水稳或二灰稳定土	18～20cm 水稳或二灰稳定土

注 1 S1～S4 为路基等级，分别代表了路基回弹模量为 30～45MPa、45～65MPa、65～100MPa 和大于 100MPa。

2 AC 代表沥青混凝土，以下图例均同。

表 7.1.3-2 公路推荐典型结构（柔性基层）

公路等级	路基等级	特重交通 一级	特重交通 二级	特重交通 三级	重载交通	中等交通	轻交通
一级公路	S1			—			
	S2	—		12～15cmAC	12～15cmAC	12～15cmAC	12～15cmAC
				15cm 大粒径沥青混凝土/碎石	15cm 大粒径沥青混凝土/碎石	15cm 大粒径沥青混凝土/碎石	15cm 大粒径沥青混凝土/碎石
				36～40cm 水稳或二灰稳定碎石	18～20cm 水稳或二灰稳定碎石	18～20cm 水稳或二灰稳定碎石	18～20cm 水稳或二灰稳定碎石
				18～20cm 水稳或二灰稳定碎石	36～40cm 水稳或二灰稳定碎石	18～20cm 水稳或二灰稳定碎石	18～20cm 水稳或二灰稳定土
	S3	—		12～15cmAC	12～15cmAC	12～15cmAC	12～15cmAC
				15cm 大粒径沥青混凝土/碎石	15cm 大粒径沥青混凝土/碎石	15cm 大粒径沥青混凝土/碎石	15cm 大粒径沥青混凝土/碎石
				18～20cm 水稳或二灰稳定碎石	18～20cm 水稳或二灰稳定碎石	18～20cm 水稳或二灰稳定碎石	18～20cm 水稳或二灰稳定碎石
				36～40cm 水稳或二灰稳定碎石	18～20cm 水稳或二灰稳定碎石	18～20cm 水稳或二灰稳定碎石	18～20cm 水稳或二灰稳定土
	S4	—		12～15cmAC	12～15cmAC	12～15cmAC	12～15cmAC
				15cm 大粒径沥青混凝土/碎石	15cm 大粒径沥青混凝土/碎石	15cm 大粒径沥青混凝土/碎石	15cm 大粒径沥青混凝土/碎石
				18～20cm 水稳或二灰稳定碎石	18～20cm 水稳或二灰稳定碎石	18～20cm 水稳或二灰稳定碎石	18～20cm 水稳或二灰稳定碎石
				18～20cm 水稳或二灰稳定碎石	36～40cm 水稳或二灰稳定碎石	18～20cm 水稳或二灰稳定碎石	18～20cm 水稳或二灰稳定土

7.1.3.2 厂拌热再生沥青混凝土不宜用于重载交通表面层，用于其他等级交通表面层的，RAP料掺配比例不宜超过10%；用于中下面层的不宜超过20%。旧料回收沥青针入度低于20的不宜采用厂拌热再生工艺。

7.1.3.3 厂拌冷再生沥青混凝土不宜用于表面层，应采用成熟的筛分拌合工艺，应控制材料的变异性，应推荐采用乳化沥青厂拌冷再生技术。

7.1.3.4 大、中、小桥桥面铺装宜采用邻近路段的中上面层结构，应注重桥面与沥青混凝土面层之间的防水和粘结层设计；特大桥桥面铺装应根据交通情况进行单独设计。

7.1.3.5 改扩建工程的桥面铺装如果既有桥桥面铺装荷载受限，可采用图7.1.3-1的推荐结构，并采用改性沥青混凝土和防水粘结层。当采用图7.1.3-1的典型结构一时，下面层可采用小粒径沥青混凝土（最大粒径小于9.5mm），表面层宜采用中粒式沥青混凝土。

图 7.1.3-1 既有桥桥面铺装荷载受限的桥面铺装

7.1.3.6 既有桥桥面铺装设计应对水泥混凝土桥面进行铣刨处理，铣刨深度0.5cm。阜层铺装结构应加强桥面与沥青混凝土的层间处理。

7.1.3.7 对于交通等级为特重交通和重载交通的公交停靠站和交叉路口考虑抗车辙需求，可在交通等级对应的路面结构基础上进行特殊设计，可采用图7.1.3-2的推荐结构。双改性沥青混凝土一般为采用SBS与湖沥青复合改性沥青作为胶结料的沥青混凝土。高模量沥青混凝土为15℃、10Hz条件下，测试动态复数模量大于14GPa的沥青混凝土，一般可采用改性沥青或者低标号沥青作为胶结料。使用高模量沥青混凝土时应验证其低温和疲劳性能，且使用低标号沥青作为胶结料时应明确其生产工艺为直馏或氧化，不宜使用调和沥青。

(a) 路面结构一

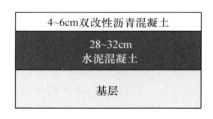

(b) 路面结构二

图 7.1.3-2 推荐公交停靠站、交叉路口

7.2 结构厚度设计

7.2.1 交通荷载

7.2.1.1 交通调查时应分析所设计公路各类货车轴重分布情况，根据货车各种轴型的其个级位轴重的作用次数占该轴型总作用次数的百分率，绘制轴载谱。

7.2.1.2 对特重交通荷载型公路、重交通荷载型公路可按公路实际承受的交通荷载，分别选用不同的设计轴载。设计轴载的选取可采用以下方案：

1 选用该类公路上行驶的主要重型车辆作为设计轴载。

2 按该类公路上行驶车辆的轴型和轴载谱，计算分析与其疲劳损伤当量的轴载作为设计轴载。

7.2.2 结构设计指标

7.2.2.1 在满足相关设计规范的基础上，可结合交通特点和特殊使用需求采用多指标设计。

7.2.2.2 结构验算中所采用的材料参数宜以实测数据为主，无实测条件时参考相关规范推荐值。

7.2.2.3 改扩建、大中修路面结构厚度设计，宜采用模量反算方法获取既有路各层结构模量参数，以提高结构验算的准确性。

7.3 材料要求

7.3.1 一般规定

沥青混合材料、基层、基底层材料设计参数须符合现行行业标准《公路沥青路面设计规范》JTG D50—2006 附录 E 的规定，再生沥青混合料和再生基层、底基层材料满足以上设计参数的可等厚替代，不能满足要求的应进行有效厚度换算。

7.3.2 沥青

7.3.2.1 公路用石油沥青参见现行行业标准《公路沥青路面施工技术规范》JTG F40 的要求。公路用聚合物改性沥青质量应满足现行行业标准《公路沥青路面施工技术规范》JTG F40 的要求。

7.3.2.2 公路用湖沥青及湖改性沥青适用于功能要求较高的路面工程，或用于特殊路口、公交站点等的抗车辙处理，质量应满足表 7.3.2-1 和表 7.3.2-2 的要求。

7.3.2.3 公路用橡胶沥青质量应满足北京市《废胎橡胶沥青路用技术要求》DB11/T 916 的要求。

表 7.3.2-1 湖沥青质量技术要求

检 验 项 目	单位	技术要求	试验方法
针入度 25℃	0.1mm	0～5	T 0604
软化点 TR&B，不小于	℃	90	T 0606
灰分	%	33～38	T 0614
25℃密度	g/cm³	1.3～1.5	T 0603
TFOT 后残留针入度比，不小于	%	50	T 0604

表 7.3.2-2 沥青改性沥青质量技术要求

指　　标	单位	针入度等级				试验方法
		TMA-30	TMA-50	TMA-70	TMA-90	
针入度 25℃，100g，5s	dmm	20～40	40～60	60～80	80～100	T 0604

续表 7.3.2-2

指　　标	单位	针入度等级				试验方法
		TMA-30	TMA-50	TMA-70	TMA-90	
黏度135℃，不大于	Pa·s	4.0	3.8	2.7	2.1	T 0625 T 0619
闪点，不小于	℃	240				T 0611
溶解度（三氯乙烯）	%	77～90				T 0607
灰分	%	7.5～19.5				T 0614
TFOT后残留物针入度比， 25℃不小于	%	58	55	52	47	T 0610 T 0604

7.3.3 集料

7.3.3.1 非特重交通等级Ⅰ和Ⅱ的公路用粗集料，质量应满足现行行业标准《公路沥青路面施工技术规范》JTG F40、现行行业标准《公路路面基层施工技术细则》JTG/T F20的要求。

7.3.3.2 特重交通等级Ⅰ和Ⅱ的公路路面用粗集料，宜采用下面层与基层同规格、同质量要求备料，并满足表7.3.3的要求。

表7.3.3 特重交通Ⅰ和Ⅱ级用粗集料质量技术要求

指　　标	单位	技术要求			试验方法
		上面层	下面层、基层	底基层	
压碎值（或冲击值），不大于	%	20	22	30	T 0316
洛杉矶磨耗损失，不小于	%	28	30	—	T 0317
表观相对密度，不小于	g/cm³	2.6	2.5	2.5	T 0304
吸水率，不大于	%	2.0	3.0	3.0	T 0307
坚固性，不大于	%	12	12	—	T 0314
针片状颗粒含量，不大于 其中粒径大于9.5mm，不大于 其中粒径小于9.5mm，不大于	%	15 12 18	18 15 20	18 15 20	T 0312
水洗法小于0.075mm含量， 不大于	%	1	1	—	T 0310
软石含量，不大于	%	3	5	—	T 0320

7.3.3.3 建筑垃圾等废旧材料加工而成的粗集料，应不低于现行行业标准《公路沥青路面施工技术规范》JTG F40 和现行行业标准《公路路面基层施工技术细则》JTG/T F20 的要求。

7.3.4 级配

7.3.4.1 沥青混合料级配除按照现行行业标准《公路沥青路面施工技术规范》JTG F40 选择推荐级配外，还可根据集料情况参考如下粗集料断级配构成方法：

1 根据混合料的性质，确定三个控制点：混合料的公称最大粒径及其通过率，混合料的公称最小粒径 0.075mm 及其通过率，粗、细集料间断点公称粒径为 4.75mm 及其通过率；

2 粗集料级配曲线和细集料级配曲线可分别选择幂函数模型、指数函数模型、对数函数模型，见式（7.3.4-1）、式（7.3.4-2）和式（7.3.4-3）；

幂函数模型（M）：$$y = a \cdot x^b \tag{7.3.4-1}$$

指数函数模型（Z）：$$y = a \cdot e^{bx} \tag{7.3.4-2}$$

对数函数模型（D）：$$y = a \cdot \ln(x) + b \tag{7.3.4-3}$$

式中：a、b——待定参数；

y——各粒径的通过率；

x——各粒径的孔径（mm）。

3 对于密实性混合料，间断点的通过率应达到 30% 以上，一般不大于 40%。对于开级配混合料，间断点的通过率一般为 15%～25%；

4 0.075mm 通过率应根据公称最大粒径、混合料的密实性要求以经验确定，一般随公称最大粒径增加而减小，随密实性增加而减小；

5 利用构成方法计算的级配见表 7.3.4-1 和表 7.3.4-2。

表 7.3.4-1 中、粗粒式密级配沥青混凝土推荐级配

类型		通过率（%）												
		31.5	26.5	19	16	13.2	9.5	4.75	2.36	1.18	0.6	0.3	0.15	0.075
粗粒式	AC25-M	100	95	78	71	63	52	35	25	18	13	10	7	5
	AC25-Z	100	95	67	59	52	44	35	25	18	13	10	7	5
	AC25-D	100	95	83	77	71	59	35	25	18	13	10	7	5
中粒式	AC20-M	—	100	95	84	73	58	35	26	19	15	11	8	6
	AC20-Z	—	100	95	77	63	49	35	26	19	15	11	8	6
	AC20-D	—	100	95	88	79	65	35	26	19	15	11	8	6
	AC16-M	—	—	100	95	81	62	35	26	19	15	11	8	6
	AC16-Z	—	—	100	95	74	53	35	26	19	15	11	8	6
	AC16-D	—	—	100	95	85	69	35	26	19	15	11	8	6

表 7.3.4-2 细粒式密级配沥青混凝土推荐级配

类型		通过率(%)									
		13.2	9.5	7.2	4.75	2.36	1.18	0.6	0.3	0.15	0.075
细粒式	AC13-M	95	69	—	35	27	20	16	12	9	7
	AC13-Z	95	61	—	35	27	20	16	12	9	7
	AC13-D	95	76	—	35	27	20	16	12	9	7
	AC10-M	100	95	64	35	27	21	17	13	10	8
	AC10-Z	100	95	59	35	27	21	17	13	10	8
	AC10-D	100	95	71	35	27	21	17	13	10	8
	AC10-M	100	95	70	45	34	25	19	14	11	8
	AC10-Z	100	95	66	45	34	25	19	14	11	8
	AC10-D	100	95	75	45	34	25	19	14	11	8
	AC5-M	100	100	100	95	65	45	31	21	15	10
	AC5-Z	100	100	100	95	81	67	53	38	24	10
	AC5-D	100	100	100	95	30	17	13	11	10	10

7.3.4.2 用于各等级道路的水泥稳定级配碎石应满足表 7.3.4-3 要求。

表 7.3.4-3 水泥稳定级配碎石的级配范围

公路等级	一级公路			二级及其以下公路		
筛孔(mm)	A-1	A-2	A-3	A-4	A-5	A-6
37.5	—	—	—	100	—	—
31.5	—	—	100	100~90	100	—
26.5	100	—	—	94~81	100~90	100
19	86~82	100	68~86	83~67	87~73	100~90
16	79~73	93~88	—	78~61	82~65	92~79
13.2	72~65	86~76	—	73~54	75~58	83~67
9.5	62~53	72~59	38~58	64~45	66~47	71~52
4.75	45~35	45~35	22~32	50~30	50~30	50~30
2.36	31~22	31~22	16~28	36~19	36~19	36~19
1.18	22~13	22~13	—	26~12	26~12	26~12
0.6	15~8	15~8	8~15	19~8	19~8	19~8
0.3	10~5	10~5	10~5	14~5	14~5	14~5
0.15	7~3	7~3	—	10~3	10~3	10~3

续表 7.3.4-3

公路等级	一级公路			二级及其以下公路		
0.075	5～2	5～2	0～3	7～2	7～2	7～2
液限(%)	28	28	28	28	28	28
塑性指数(不大于)	5	5	5	7	7	7
适用范围	基层和底基层、碾压贫混凝土	基层、碾压贫混凝土	—	基层和底基层	基层	基层(特重)

7.3.4.3 用于各等级道路的石灰粉煤灰稳定级配碎石应满足表 7.3.4-4 要求。

表 7.3.4-4 石灰粉煤灰稳定级配碎石的级配范围

公路等级	一级公路		二级及以下公路	
材料类型	稳定碎石		稳定碎石	
筛孔（mm）	B-1S	B-2S	B-3S	B-4S
37.5	—	—	100	—
31.5	100	—	100～90	100
26.5	95～91	100	94～81	100～90
19	85～76	89～82	83～67	87～73
16	80～69	84～73	78～61	82～65
13.2	75～62	78～65	73～54	75～58
9.5	65～51	67～53	64～45	66～47
4.75	45～35	45～35	50～30	50～30
2.36	31～22	31～22	36～19	36～19
1.18	22～13	22～13	26～12	26～12
0.6	15～8	15～8	19～8	19～8
0.3	10～5	10～5	—	—
0.15	7～3	7～3	—	—
0.075	5～2	5～2	7～2	7～2
适用范围	底基层和基层	基层	底基层和基层	基层

注：石灰与粉煤灰的比例可用 1：2～1：4。

7.3.4.4 用于各等级道路的水泥粉煤灰稳定级配碎石应满足表 7.3.4-5 要求。

表 7.3.4-5 水泥粉煤灰稳定级配碎石中集料的颗粒组成范围

公路等级	一级公路		二级和以下公路	
材料类型	稳定碎石		稳定碎石	
筛孔（mm）	C-1S	C-2S	C-3S	C-4S
37.5	—		100	
31.5	100	—	100～90	100
26.5	95～90	100	93～80	100～90
19	84～72	88～79	81～64	86～70
16	79～65	82～70	75～57	79～62
13.2	72～57	76～61	69～50	72～54
9.5	62～47	64～49	60～40	62～42
4.75	40～30	40～30	45～25	45～25
2.36	28～19	28～19	31～16	31～16
1.18	20～12	20～12	22～11	22～11
0.6	14～8	14～8	15～7	15～7
0.3	10～5	10～5	—	—
0.15	7～3	7～3		
0.075	5～2	5～2	5～2	5～2
适用范围	底基层和基层	基层	底基层和基层	基层

7.3.4.5 无机结合料稳定碎石级配应符合现行行业标准《公路路面基层施工技术细则》JTG/T F20 的规定。随着交通荷载的显著增加，基层材料应采用级配碎石、加强集料的变异性控制、明确各种级配的适用范围。

7.3.5 外加剂

7.3.5.1 沥青混合料絮状纤维稳定剂应符合现行行业标准《公路沥青路面施工技术规范》JTG F40 的规定。颗粒状的纤维稳定剂应以沥青混合料的各技术指标满足相关技术要求为标准。

7.3.5.2 对于其他外加剂（如温拌剂等），如无相应的技术标准，则应以沥青混合料或无机结合料稳定混合料进行评价，以满足混合料技术要求为准。

7.3.6 沥青混合料

对于特重交通等级公路、平面交叉、公交停靠站，沥青混合料高温稳定性应符合表 7.3.6 要求。其他沥青混合料的高温稳定性符合现行行业标准《公路沥青路面施工技术规范》JTG F40 的规定。

表 7.3.6 特重交通等级沥青混合料车辙动稳定度与相对变形技术要求

结构层位	试验温度	试件厚度	相对变形（%）	动稳定度（次/mm）
上面层	70	5	4	2500
中面层	70	5（10）	5	2000
下面层	60	10	4	2500
应力吸收层混凝土	60	5	6	1500

7.3.7 无机结合料稳定材料

7.3.7.1 应采用7d龄期的无侧限抗压强度作为无机结合料稳定材料的施工质量控制的主要指标。无机结合料稳定材料应满足设计指标要求以及相应的强度水平要求。

7.3.7.2 各等级公路水泥稳定材料的7d龄期无侧限抗压强度代表值应符合表7.3.7-1的要求。

表 7.3.7-1 水泥稳定材料 7d 无侧限抗压强度标准（代表值）

结构层	公路等级	特重交通（MPa）	重交通（MPa）	中、轻交通（MPa）
基层	一级公路	5～7	4～6	3～5
基层	二级及其以下公路	4～6	3～5	2～4
底基层	一级公路	3～5	2.5～4.5	2～4
底基层	二级及其以下公路	2.5～4.5	2～4	1～3

7.3.7.3 各等级公路石灰工业废渣稳定材料的7d龄期无侧限抗压强度代表值应符合表7.3.7-2的要求。

表 7.3.7-2 石灰工业废渣稳定材料的 7d 无侧限抗压强度标准（代表值）

结构层	公路等级	特重交通（MPa）	重交通（MPa）	中、轻交通（MPa）
基层	一级公路	≥1.1	≥1.0	≥0.9
基层	二级及其以下公路	≥0.9	≥0.8	≥0.7
底基层	一级公路	≥0.8	≥0.7	≥0.6
底基层	二级及其以下公路	≥0.7	≥0.6	≥0.5

7.3.7.4 各等级公路水泥粉煤灰稳定材料的7d龄期无侧限抗压强度代表值应符合表7.3.7-3的要求。

表 7.3.7-3 水泥粉煤灰稳定材料的 7d 无侧限抗压强度标准(代表值)

结构层	公路等级	特重交通（MPa）	重交通（MPa）	中、轻交通（MPa）
基层	一级公路	4.0～6.0	3.5～4.5	3.0～4.0
基层	二级及其以下公路	3.5～4.5	3.0～4.0	2.5～3.5
底基层	一级公路	2.5～3.5	2.0～3.0	1.5～2.5
底基层	二级及其以下公路	2.0～3.0	1.5～2.5	1.0～2.0

7.4 改扩建设计

7.4.1 指导原则

7.4.1.1 改扩建设计适用于路面结构层补强、水泥路面加铺沥青混凝土以及扩建工程。对路面进行功能性修复的补强应符合现行行业标准《公路沥青路面养护技术规范》JTJ 073.2 的规定。

7.4.1.2 应充分利用既有路面的结构性能，应注重材料的再生利用。

7.4.1.3 宜选择对交通干扰少的改扩建设计方案，应重视施工期的交通组织设计。

7.4.2 既有路评估的调查方案

应包括交通量及其组成分析、现有路面结构状况调查和表面功能病害分析调查三个方面。

7.4.3 既有路面分段

应分段设计路面补强方案，并按照如下原则进行分段：

1 路面结构形式、材料、交通量、养护历史等差异明显的路段应分段。

2 将既有路面的承载能力、破损类型、破损原因相近的划分为一个路段，可采用累计差分的方法进行划分。

3 分段最小长度不宜小于 500m，水文、土质条件复杂或需要特殊处理的路段，分段最小长度可酌情缩短。

7.4.4 补强层设计

7.4.4.1 既有路面处理可分为局部病害处治和路面整体性处理两种方案，应根据不同分段的路面状况确定。

7.4.4.2 局部病害处治应在病害位置针对病害本身的局部路面修复，适用于原路面未发生结构性破坏的路段。局部病害处治方案应符合现行行业标准《公路沥青路面养护技术规范》JTJ 073.2 的规定。

7.4.4.3 补强设计典型结构见表 7.4.4 所示。

表 7.4.4 结构补强设计典型结构

适用条件	1d＜1s＜1.51d		1.51d＜1s＜21d	21d＜1s
	既有路承载能力不能满足要求,沥青面层内的补强(沥青路面范围内的铣刨)	既有路结构承载能力不能满足要求,对部分基层处理后,用柔性基层补强	既有路结构严重不满足要求,对旧路基层进行置换处理	既有路结构严重不满足要求,重载道路或路面挖除有困难
结构组合	4～5cm AC / AC 厚度根据旧路铲除深度确定	4～5cm AC / AC 厚度根据旧路铲除深度确定 / 低标号AC 厚度根据铲除基层确定	4～5cm AC / AC 厚度根据旧路铲除深度确定 / 水泥稳定碎石(级配碎石)或者低标号AC	4～5cm AC / AC 厚度根据旧路铲除深度确定 / 水泥混凝土板
层间设计	1)对于沥青面层与半刚性、刚性层间的黏层,应采用改性沥青防水黏结层。 2)对于城市道路路口、公交停靠站路面的层间处理,应采用改性沥青防水黏结层。 3)对于水泥混凝土路面加铺沥青混凝土、混凝土桥面铺装,可设置应力吸收层或改性沥青防水黏结层。 4)其余可采用乳化沥青、改性乳化沥青			

7.4.5 材料要求

7.4.5.1 用于扩建工程的路面材料技术标准应符合新建工程相应材料规范的规定。

7.4.5.2 用于结构补强的贫混凝土铺筑有摊铺碾压形式和浇筑式两种。其强度标准不应低于8MPa。为避免开裂,每隔10m应切一道横缝,切缝深度为8cm～10cm。贫混凝土的摊铺最大厚度不宜超过25cm。

7.4.5.3 用于结构补强的水泥混凝土弯拉强度不应低于4MPa,板厚宜为22cm～28cm。

7.4.5.4 改扩建工程中的沥青及沥青混合料应根据所用层位、功能需求的不同进行选择,可依照表7.4.5。

表 7.4.5 用于改扩建工程的沥青及沥青混合料

层位	公称最大粒径	沥青	适用范围
上面层	9.5mm、13.2mm、16mm	SBS改性沥青、湖改性沥青、橡胶沥青、70号道路石油沥青	路面结构弯沉、路面破损符合现行行业标准《公路沥青路面养护技术规范》JTJ 073.2的要求
中面层	19mm、26.5mm	70号道路石油沥青、低标号沥青(30号、50号)、SBS改性沥青、高模量沥青	
下面层	19mm、26.5mm	70号道路石油沥青、低标号沥青(30号、50号)	

续表 7.4.5

层位	公称最大粒径	沥青	适用范围
应力吸收层	5mm，9.5mm	SBS改性沥青、橡胶沥青	水泥混凝土路面加铺改造
防水黏结层		SBS改性沥青、橡胶沥青、道路石油沥青（70号、90号）、改性乳化沥青	公路设计交通荷载等级为"重"及以上的新、旧路面结构之间，城市道路Ⅲ级以上新、旧路面结构之间；沥青面层与半刚性、刚性基层层间（与刚性基层层间宜采用改性沥青）
黏层		改性乳化沥青、乳化沥青	沥青面层层间

7.5 配合比设计

7.5.1 沥青混合料配合比设计流程

应重视材料的配合比设计。应切实根据工程所采用的材料，按照本节的要求进行材料性能试验，确定工程应用的材料级配以及容许变异范围，不应直接套用推荐级配范围及其中值作为施工级配。

沥青混合料的配合比设计分为沥青混合料理论配合比设计、目标配合比设计、生产配合比设计和生产配合比验证等四个阶段。理论配合比设计阶段应根据确定的原材料情况，参考本导则提供的级配范围，进行配合比试验，得到最佳的级配曲线。

7.5.2 无机结合料稳定材料配合比设计流程

无机结合料稳定材料的混合料设计应包括目标配合比设计、生产配合比设计，应符合 JTG 034 的规定。设计流程如图 7.5.2 所示。

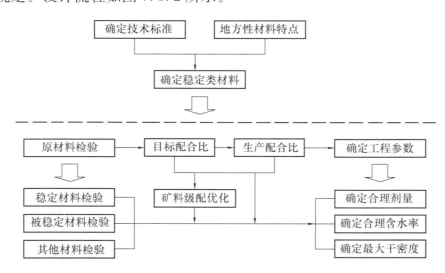

图 7.5.2 无机结合料混合料设计流程

7.6 其他注意事项

7.6.1 废旧再生材料（如建筑垃圾、废旧轮胎、废旧塑料等）作为路面材料使用时应开展专项的技术性能评价，应合理计算材料单价并在设计文件中对关键工艺进行指导。

7.6.2 对于如抗车辙剂、温拌剂等添加剂材料，当行业规范、标准中尚无技术规定，应委托具有甲级以上资质的专业检测机构，进行混合料检验，以掺配后混合料的技术性能满足相关技术要求为标准。

7.6.3 桥面铺装尤其是特殊桥型的桥面铺装，应委托专业机构进行单独的桥面铺装结构设计和材料评价，不应简单照搬路面设计和材料技术要求。

7.6.4 货运专用重载交通公路应针对荷载情况进行专项设计，宜采用连续配筋混凝土路面结构形式。

8 桥 梁 工 程

8.1 一 般 规 定

8.1.1 城镇段桥梁设计应与城市建设同时考虑，桥梁应同时符合公路及城市桥梁设计的相关规范要求。

8.1.2 桥涵应依据现行行业标准《公路桥梁抗震设计细则》JTG/T B02-01—2008进行抗震、抗撞等防灾减灾设计。

8.1.3 一、二级公路上新建的桥梁设计荷载应采用公路Ⅰ级；三、四级公路的桥梁结合城市发展规划、路网规划和交通量预测等，应提高设计荷载标准至公路Ⅰ级；匝道桥的荷载应采用主线桥相同的设计荷载。城镇段桥梁应用城市A级复核验算。特殊交通下的桥梁，还应选用有代表性的重车车辆荷载进行复核验算。

8.1.4 桥梁设计采用的洪水频率原则上应符合规范要求。桥涵水文计算应严格按照公路工程行业规范执行；在洪泛区、蓄滞洪区内建设桥梁工程，应编制洪水影响评价报告，评估洪水对桥梁可能产生的影响和桥梁对防洪可能产生的影响，应合理确定桥下净空并提出防御措施；在引水渠、人工河道等城市防洪标准较低的地区，当按规范要求的洪水频率设计导致桥下净空较大而受到严重制约时，可按相交河道或排洪沟渠的规划洪水频率设计。桥梁标高应结合周边道路的实际通行需求合理确定。上述情况都应确保桥梁在洪水中的结构安全。

8.1.5 应采用有效措施加强桥梁结构的耐久性。

8.2 上 部 结 构

8.2.1 桥梁上部结构应尽量选择技术成熟、工艺简单、施工进度快捷、当地建设经验较丰富的结构形式。并充分考虑正常工期与紧急工期的不同对结构形式的重大影响。

8.2.2 公路重载交通上的大、中桥不应采用预制装配式空心板结构；中、小桥结构应优先采用T梁、小箱梁、整体桥面低高度密肋预制宽腹T梁等预制拼装结构和现浇箱梁结构；跨越主路受现有交通、建筑高度限制的桥梁宜选用施工工期短、梁高较矮的钢-混叠合梁（钢）结构。

8.3 下 部 结 构

8.3.1 桥梁下部结构应根据地勘资料合理选择。一般持力层埋深小于5m、地下水对基坑开挖影响小可采用明挖基础，其他情况宜采用桩基础。

8.3.2 山区陡坡段和易坍塌岩壁处桥梁墩台设置原则如下：

1 应选择相对有利位置，应尽量减少在陡坡上设置墩台并注意墩台基础设置；

2 横桥向地形变化较大、冲刷强烈的沟（谷）底，宜采用桩基础；

3 山势较陡的纵、横坡处桥台基础形式的设置，应尽量减少桥台高度、减少陡坡放坡，可分幅设置、设置分层台阶；

4 地形较陡、地质比较破碎的陡坡路段桥梁，为保证桥台的稳定性，防止锥坡和基础悬空，桥台应尽量伸入挖方段，应保证桥台与临空面有一定安全距离；

5 陡峭边坡应尽量不设或少设桥墩，必须设置时应采取措施，如调整承台方向、提高桩顶（承台）标高，采用条基、桩接柱、沉井及大直径沉桩等，减少承台基础的开挖并使桩侧与岩壁临空面有一定的安全距离，应确保桩基有效长度；

6 当采用扩大基础可能导致基坑开挖破坏较大山体面积或诱发新的工程地质病害时，应优先加大桥孔，或改变基础形式；

7 应注意陡坡段桥墩刚度的协调性设计，应合理确定桥墩形式和墩间系梁设置；

8 应注意陡坡段桥梁基础的施工方案设计，如施工便道和施工平台。

8.3.3 桥墩位于河道内易受河水冲刷及撞击，承台顶宜位于局部冲刷线以下，应设置桥墩防护措施。

8.3.4 下部结构不应采用单支座独柱墩设计。

8.3.5 采空区桥梁的下部处理应遵循以下原则：

1 应尽量避免或减少将桥孔布设于采空区及其影响区范围内；

2 当不可避免在采空区范围内布设桥梁时，应对桥下采空区及其影响范围进行有效的处理，并减小桥梁跨径、选择变形能力较强的简支体系结构；

3 当桥梁下伏采空区埋深较浅时，桩基应穿透采空区并将桩尖嵌入采空区底板以下完整、稳定的微风化岩层内；

4 应加强桥址区的采空区调查、勘察，确定采空区的空间分布，判定影响范围。

8.4 桥梁构件标准化

8.4.1 桥梁宜采用标准化设计。常规跨径桥梁宜选用本地使用成熟的标准化结构。同一项目桥梁附属结构如无景观要求的护栏、桥头搭板、伸缩缝等应采用标准化设计。

8.4.2 路基横断面宜采用规范标准断面，为桥梁结构标准化创造条件。

8.5 桥梁伸缩缝设计

8.5.1 伸缩缝设计应参见现行行业标准《公路桥梁伸缩装置》JT/T 327 的有关规定。

8.5.2 对于单跨跨径大于 20m 的简支梁或连续梁一般设置伸缩缝，伸缩缝的大小和形式应根据计算和变形需要来选择；对于跨径小于等于 20m 的简支构造一般不设置伸缩缝，在桥的一端设置 2cm 缝隙，采用桥面连续处理。

8.5.3 宜采用异型钢单缝式伸缩装置和模数式伸缩装置等形式。

8.5.4 伸缩缝处梁间缝隙宽度宜取用：单组缝宽 4cm；双组缝宽 8cm。小于 20m 的桥梁结构，宜采用桥梁一端设置伸缩缝或结构缝处理的结构方案。常规结构可参考一联结构的温度零点长度的方法确定伸缩缝型号。实际应用中可参考表 8.5.4。

表 8.5.4 伸缩缝型号

伸缩长度（L）	伸缩缝型号
小于 50m 的中小桥	可采用模数式 D60 型伸缩缝
50m＜L≤120m	可采用模数式 D80 型伸缩缝
80m＜L≤180m	可采用模数式 D160 型伸缩缝

8.5.5 伸缩缝处填筑混凝土宜采用 C50 钢纤维混凝土、环氧混凝土等改性混凝土。

8.6 桥面铺装

8.6.1 桥梁上部结构计算应将混凝土铺装和沥青铺装作为二期荷载考虑，不应参与结构受力。

8.6.2 预制装配式空心板结构，钢筋混凝土整平铺装局部最小厚度不应小于 8cm；T 梁、小箱梁和连续箱梁结构的钢筋混凝土整平铺装局部最小厚度不应小于 6cm。

8.6.3 应加强桥梁护栏根部混凝土和桥面铺装混凝土的防腐要求，应适当增加钢筋的保护厚度等措施，提高混凝土结构的耐久性。泄水管出口设置应避免使桥面排水溅到三梁上。

8.7 桥面防水、排水

8.7.1 桥面防水层应采用防水涂料或卷材防水。防水材料应具有耐热、冷柔、抗碾、防渗、耐腐、粘结等性能。防水卷材应满足现行行业标准《道桥用改性沥青防水卷材》JC/T 974 的要求。防水涂料应满足现行行业标准《道桥用防水涂料》JC/T 975 的要求。

8.7.2 应积极探索"海绵城市"排水的理念，桥面排水结合地表及地下排水进行系统设计，具体按现行行业标准《公路桥涵设计通用规范》JTG D60—2015 中 3.7.6 和现行行业标准《城市桥梁设计规范》CJJ 11—2011 中 9.2.3 的规定执行。

8.7.3 桥梁布设纵坡不宜小于 0.3%；泄水口的尺寸和布置间距根据计算确定；桥梁设在凹曲线上，应适当加密泄水孔数量；泄水孔宜采用竖向布置；20m 及以下的小桥涵可不设置泄水孔，通过桥头两侧路段排水解决。

8.7.4 当跨越重要水系或水源保护地时，应完善雨水收集系统设计防止二次污染的发生。

8.8 搭 板

8.8.1 宜采用搭板上直接设置伸缩缝的形式。

8.8.2 搭板长度的确定应以跨越桥台背后填土滑裂面为原则。台后填土高度小于5m范围，宜采用长度6m搭板；台后填土高度5m～8m范围，宜采用长度8m搭板；台后填土高度8m～10m范围，宜采用长度10m搭板。

8.9 钢结构防腐

8.9.1 钢结构涂装体系分为一般部位和重点防护部位，对易受到除冰盐侵蚀的区域如栏杆基座、伸缩缝端梁体、踏步立面应重点加强防护。

8.9.2 一般部位（含钢箱梁内）涂装体系保护年限应按长效型15～25年进行设计，腐蚀环境按不低于C3腐蚀环境考虑，涂料的性能应满足现行行业标准《公路桥梁钢结构防腐涂装技术条件》JT/T 722及现行行业标准《钢结构桥梁漆》HG/T 3656的要求。

8.9.3 重点防护部位在一般涂装基础上采用高性能性防水、防腐蚀涂料加强防护，如MMA（甲基丙烯酸甲酯）防水涂料、单组份改性聚脲防水涂料，涂层厚度不小于0.8mm。立柱式栏杆及踏步立面可设不锈钢基座。

8.10 改扩建设计

8.10.1 既有桥的利用、拼宽、加固应经检测评定后确定。一般对于既有桥检测和荷载试验评定属于一类、二类、三类的桥梁经加固设计，满足使用要求的可继续使用；对于评定为四类的桥梁及达不到使用标准的五类桥梁应拆除重建。

8.10.2 既有路改造项目中的拼宽桥，荷载标准应按现行标准执行。其他桥梁验算原则上采用新桥新标准、老桥老标准的方法。

8.10.3 桥梁加固设计按现行行业标准《公路桥梁加固设计规范》JTG/T J22执行。

8.11 桥型图和说明书的要求

8.11.1 应加强桥梁施工图设计说明内容。桥梁施工图说明中应包括项目概况、设计依据、设计规范、设计标准、项目地形、地质、气象水文、上下部结构形式、主要材料、主要计算简介、桥梁主要施工工艺、施工注意事项、可行性研究、初步设计的批复及执行情况、桥梁结构设计难点及对策、结构耐久性设计、景观设计、危险性工程、交通导改、节能环保、施工验收、桥梁养护设施及养护要求等的相关问题与建议。

8.11.2 应加强总体布置图设计表达。总体布置图应包括立面、平面、地面线、主要断面、路线资料、路线方向标识、尺寸线（桥台长度尺寸、伸缩缝宽度、跨径尺寸、桥梁全长）、墩台构造形式尺寸、墩台编号、地质柱状图、常水位标高、洪水位标高、冲刷计算标高、交叉构造物关系（如交叉名称、交叉桩号、交叉角度净高、净宽）、主要结构位置标高（设计线标高、承台顶标高、桩底标高）、桩径、桩长、防护工程及地面改造设计线等。桥型总体布置图体现了设计者对这座桥的设计思路，应将整个桥的主要信息反映出来。

9 隧 道

9.1 一 般 规 定

9.1.1 隧道应根据公路功能和发展的需要，遵照安全、经济、利于保护生态环境的原则，结合隧道所处位置的地形、地质、施工、运营、管理等条件进行综合设计。

9.1.2 隧道平面设计在服从路线走向的原则下应考虑隧址区地形、地质、辅助坑道位置（长大隧道）、洞口线形、洞外构造物以及环境等因素。特长及长隧道宜选用上下行分离的独立双洞形式。

9.1.3 隧道进出口的设计应与周边环境协调，应提倡早进洞、晚出洞，与自然地形坡面平顺衔接；应避免设在滑坡、崩坍、岩堆、围岩落石、泥石流等不良地质及排水困难的沟谷低洼处或不稳定的悬崖陡壁下；宜避免在洞口形成高边坡和高仰坡，必要时应采用接长明洞等方法消除不良影响。

9.1.4 隧道选线应避开活动断层及破碎带较宽的断层。傍山隧道应尽可能向山体内部靠，减少偏压和外侧岩体厚度偏小地段长度。当地质条件复杂时，特长隧道应控制路线走向，以避开不良地质地段；中、短隧道宜服从路线走向。

9.1.5 隧道段线形设计应充分体现"以人为本"的理念，隧道线形应结合洞外线形统一考虑，以"运行速度"理论为指导，实现平面舒适、纵坡均衡、横面合理，线形能自然诱导驾驶员视线，并保持视线的连续性。洞口线形应顺"势"而为，应能保证由内到外、由外到内的自然过渡，应禁止洞口附近长大陡下坡且小半径平曲线的不利组合。

9.1.6 从隧道结构和施工安全考虑，隧道位置应选择在稳定的地层中，宜尽量避免穿越工程地质和水文地质较为复杂甚至严重不良地段；应避免选择与地质构造线平行的轴线；应避免顺沟心进洞；应避免选择垭口位置穿越山体；应避免岩层陡倾时顺岩层走向布置隧道；应避免穿越处于水位线下的大型岩溶区。

9.1.7 隧道内纵坡不宜小于0.5%，特长、长隧道纵坡不宜大于2.5%，有条件时可按2%控制。中、短隧道纵坡不宜大于3.0%，有条件时可按2.5%控制。短于100m的隧道纵坡可与隧道外路线指标相同。

9.1.8 长及特长隧道的消防、救援、供配电设施的总体设计宜与施工期结合考虑，形成合理的综合设计。

9.2 隧道建筑限界

9.2.1 当中、短隧道临近景区、村镇时，隧道净空宜综合考虑通行安全条件适当加宽断面。非机动车道、人行道设置可参照现行行业标准《城市道路工程设计规范》CJJ 37执行，应配置必要的安全警示标志、标识和隔离设施以保证人、非机动车、机动车通行安全。

9.2.2 公路隧道断面应根据公路功能和发展的需要确定，宜在现行行业标准基础上适当提高。隧道内连续停车带设置应充分考虑隧道长度、隧道所处道路功能定位及路基横断面组成情况。隧道相邻道路两侧具有应急车道功能的，二级路及以下等级公路单向单车道长隧道为防灾需要的，隧道内宜考虑设置连续停车带。

9.2.3 新建公路隧道建筑限界高度取 5.0m。

9.2.4 对于行驶机动车的隧道，大于 1000m 时不应在同一孔内设置非机动车道或人行道。采取处理措施要求如下：

    1 应在隧道进口处设置行人和非机动车禁行标志告知行人严禁入内；

    2 应尽量利用地方道路预留绕行道路，应在绕行路口设置绕行标志提醒行人绕行隧道。

9.3 隧道洞门

9.3.1 隧道洞门应与地形、地质条件相适应。宜优先采用削竹式、明洞式、环框式等洞门形式；洞门后仰坡顺层节理且比较高，宜采用端墙形式，隧道下穿现状道路且洞口距离上方道路边缘较近时，下方道路隧道洞口宜采用端墙式。

9.3.2 洞门位于城镇及风景区地段宜进行符合本地特色的景观设计。洞口宜采用绿色防护，宜采用种植或移栽土生草灌木恢复破坏的环境；两洞间距较宽，宜种植高大乔木，减少左右洞间干扰；小间距隧道间宜种植色彩艳丽的植物，可以有效提醒引导视线。

9.4 隧道衬砌和明洞

9.4.1 隧道衬砌设计应综合考虑地质条件、断面形状、支护结构、施工条件等，并应充分利用围岩的自承能力。衬砌应有足够的强度和稳定性保证隧道长期安全使用。

9.4.2 初期支护的钢架应与围岩密贴，临时拱脚应落在稳固地基上，并应采用锁脚锚管（锚杆）固定牢固，必要时应加垫块。

9.5 抗震设计

9.5.1 隧道的洞口段、浅埋和偏压地段以及断层破碎带地段应进行抗震设防，其衬砌结构应予以加强，应采用钢筋混凝土。洞口设防段的长度可根据地形、地质条件和设防烈度确定，并不宜小于 25m。

9.5.2 隧道明洞或棚洞均采用钢筋混凝土结构。

9.6 隧道不良地质问题及防治措施

9.6.1 最大限度地防止隧道地质灾害的发生应依赖准确的地质资料、施工中地质超前预报和合理的防治措施。

9.6.2 隧道选线应避开活动断层及破碎带较宽的断层，应尽可能以大角度穿越断层，应避免平行断层走向。

9.6.3 隧道区域的灰岩、白云岩易伴生岩溶应重点勘查，特别应调查水位高度。溶洞处理措施要求如下：

1 没有水的岩溶宜采用混凝土、浆砌片石或干砌片石予以回填封闭，或加深边墙基础，加固隧道底部；

2 隧道拱顶有溶洞，可视溶洞的岩石破碎程度应在溶洞顶部采用锚杆或锚喷网加固，必要时可考虑加设隧道护拱及注浆加固、拱顶回填处理；

3 如果有水，应探明水与溶洞的关系；水很大时，应考虑避开或抬高线位；水较小时，可采用引、堵、越等方法综合处理。

9.6.4 隧道穿越煤系地层的采空区时应针对性加强对采空区的勘察，必要时宜增加对采空区的调查阶段，为选线提供有力依据。隧道穿越采空区宜采用有地表充填注浆法、固结充填注浆法、封堵巷道等方法，同时应加强衬砌结构。

9.7 辅 助 坑 道

9.7.1 辅助坑道的设置方式及位置应根据隧道长度、地形条件、地质条件、工期，结合通风、救灾、排水及弃渣方面的需要，通过技术经济比较后，合理选择。对长大和重点隧道为提高经济效益、降低工程造价应根据合理工期对施工方案进行多方案比选，应严格控制竖井、斜井和平行导坑、横洞数量。凡不受工期控制及无特殊需要的隧道，不应设辅助坑道。

9.7.2 选择辅助坑道断面尺寸应结合地质情况、施工运输要求、支护类型、设备外形尺寸及技术条件、人行安全及管路布置等因素考虑。用作运营通风道的坑道断面应按通风要求核算其面积，应进行二次衬砌。

9.7.3 长隧道通过沟谷低洼地段时可考虑采用竖井，运营阶段可作通风井。

9.8 隧 道 防 灾

9.8.1 特长隧道防灾应贯彻"防患于未然"的理念，应根据隧道火灾的起因确定采用的防火措施，最大程度地减少火灾发生和蔓延的可能性。同时尽可能早地发现火灾并通报火灾情况，还应设置完善的监测、报警、通信设备。

9.8.2 隧道防灾和救灾所采取的技术措施应结合隧道结构、地区的技术经济条件、救灾体系、管理水平等进行防灾设计。

9.8.3 报警设施应在发生火灾等事故时，发出紧急信号、通知隧道中心控制室等；报警设施包括手动报警器、自动报警器和紧急电话。

9.8.4 紧急警报设施应在隧道内发生火灾事故或交通事故的情况下，向隧道中心控制室传达发生的异常事故，通过隧道内外的一系列紧急警报设施，迅速反映隧道内状况，使车辆停止进入，防止事故扩大。包括报警显示板、闪光灯、报警灯及音响信号发生器。

9.8.5 消防灭火系统应由隧道洞外供水系统和洞内消防设施组成。洞外供水系统应由取水设施、集水池、加压泵房、高位蓄水池和供水管网组成。洞内消防设施应由消火栓系统、化学灭火器系统、水成膜泡沫灭火系统等组成。

9.8.6 长大公路隧道应设通风系统。通风方式应验算火灾状态下的通风排烟能力。

9.8.7 隧道交通工程设计应拟定交通事故和火灾情况下的应急预案。

9.9 其他注意事项

9.9.1 山区新建道路以隧道形式穿越省界时应做好两地的协调工作，隧道断面、防排水体系、机电管理运营模式等应统一考虑。

9.9.2 地质勘察成果资料应齐全、深度应满足设计要求。应合理安排勘察设计计划。

9.9.3 隧道与相邻路基、桥梁路面结构、排水沟位置、深度及交通安全设施应注意衔接，应加强专业间沟通。

9.9.4 土建工程设计应注意做好机电设备预留洞室的接口工作，应加强与隧道通风、照明、供配电、消防、监控和通信等机电设施专业间的沟通。

9.9.5 施工招标文件及招标工程量清单的编制应考虑全面、仔细，应注意工程量清单的数量单位。

9.9.6 在施工图阶段，对隧道初步设计阶段相关支护参数及支护措施的调整应慎重并有充分的依据。

10 交通安全设施

10.1 总体设计

交通安全设施设置应综合考虑公路等级、功能、交通条件、气候等因素。旅游公路宜考虑安全设施的景观设计和人文设计。

10.2 交通标志

10.2.1 一般要求

10.2.1.1 交通标志的设计应符合交通安全的要求、道路使用者对信息的需求和各管理部门的营运和管理需求；应符合《北京市公路交通标志指路系统设置指南》的规定。

10.2.1.2 交通标志的结构形式和材质选取，应充分考虑对视认效果的影响和后期养护要求。标志应采用逆反射材料制作版面，并应根据道路线形、观测角度、日照、能见度、环境光、事故等情况增加主动发光功能。

10.2.1.3 交通标志的设计应与道路标线等其他交通设施相配合。

10.2.1.4 交通标志的设置应注意避免被现状构筑物、其他标志遮挡。

10.2.1.5 警告、禁令、指示和告示标志的版面内容及设置应符合国家及行业标准的要求。

10.2.2 指路标志

10.2.2.1 同一条公路指路标志的设计标准、设置原则、各类指路标志版面规格应一致。

10.2.2.2 公路功能、断面相同的公路，指路标志的设计标准、设置原则、各类指路标志版面规格应一致。

10.2.2.3 指路标志的设置应系统、均衡，避免信息过载或不足。

10.2.2.4 指路标志信息的选取应按以下原则：

1 指路标志版面的信息选取，应根据公路功能、等级及主要交通流对指路标志信息的需求而定；

2 指路标志信息选取应具有连续性和规律性，并应简单明确，便于识认；

3 单个版面各方向指示的信息数量之和不宜超过6个，同一方向信息数量不宜超过2个。

10.2.2.5 公路服务站标志设置应按以下要求：

1 服务站预告标志：用于指示前方公路服务站的位置。设置于一般公路服务站前2km、1km处。当服务站间距大于25km时，在距最近的服务站前3km处可设置两个或三个服务站预告标志，见图10.2.2-1；

图 10.2.2-1　公路服务站预告标志示例

2 北京市低等级道路可设置公路服务站，标志设置参照图 10.2.2-2。

(a) 设置于距公路服务站前30m~80m处　　(b) 设置于距公路服务站出口分流点三角带端头内

图 10.2.2-2　公路服务站标志示例

10.2.2.6　路名确认标志设置应按以下要求：

1 路名确认标志是提示驾驶者前方道路名称的标志；

2 路名确认标志应设置在县道及以上公路沿线的灯控路口处，或设置了平面交叉指路标志的非灯控路口处；

3 有条件的情况下，路名确认标志应附着于信号灯横梁上；如无法附着于信号灯横梁上，可采用单悬式等其他结构形式，但应注意避免与路口处其他设施相互遮挡；

4 版面形式见图 10.2.2-3。版面内容包括箭头、道路编号或道路名称。当前方道路为国道时，应采用道路编号。前方道路走向与正北或正东夹角在±15°以内时，应在箭头中加入方向内容。

图 10.2.2-3　路名确认标志示例

10.2.2.7　从景区往高速公路上指引的标志设置应按以下要求：

1 应设置于从 A 级景区通往临近高速公路入口的县级及县级以上公路沿线各主要路口前，用以提示驾驶者驶入最近的高速公路；

2 高速公路指引标志按设置位置可分为两种，一种设置于景区出口处适当位置，见图 10.2.2-4（a）；一种设置于从景区至邻近高速公路入口所途经路线的主要路口前，见图

10.2.2-4（b）；

3 版面内容包括箭头、道路编号或道路名称。当指引的道路为国道或国家高速公路时，应采用道路编号；

4 景区出口处设置的高速公路指引标志应附着告示标志，用以告知景区出口至高速公路入口的距离及入口立交桥名，见图 10.2.2-4（a）；

5 除告示标志部分外，其余版面为绿底、白边框、白字、白箭头。

图 10.2.2-4　高速公路指引标志示例

10.2.2.8　村名标志应设在公路沿线经过村的边缘处。村名标志可与"注意村庄"警告标志配合使用，见图 10.2.2-5。

图 10.2.2-5　村名标志与"注意村庄"警告标志配合使用示例

10.2.2.9　紧急停车带标志设置应按以下要求：

1　紧急停车带预告标志，用以指示前方紧急停车带的位置，设置于二级（含二级）以上公路紧急停车带前 500m 及 200m 处，其他等级公路可参照执行，见图 10.2.2-6（a）；

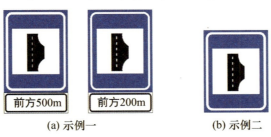

图 10.2.2-6　紧急停车带预告标志及紧急停车带标志示例

2 紧急停车带标志，设置在紧急停车带前30m～50m处适当位置，见图10.2.2-6（b）。

10.2.2.10 指路标志版面信息的临时遮挡应按以下要求：

1 对版面信息中部分中文地名和中文路名进行临时遮挡，用以提示驾驶者该路名和地名方向尚未通车；通车后应对临时遮挡进行及时清除；

2 临时遮挡材质采用红色即时贴；

3 临时遮挡宽度为粘贴文字字高的二分之一；

4 临时遮挡长度为从文字起始至终止连续遮挡，括号部分不遮挡。

10.2.3 警告标志

10.2.3.1 注意行人及注意儿童标志，标志底膜颜色应采用荧光黄绿色，见图10.2.3-1。

图10.2.3-1 "注意行人"及"注意儿童"标志示例

10.2.3.2 弯道路段上有不易发现的交叉路口，应设置弯道交叉口警告标志，见图10.2.3-2。应设在交叉路口前适当位置。

图10.2.3-2 "弯道交叉口"标志示例

10.2.4 禁令标志

10.2.4.1 当交叉口为非灯控路口，且交叉口中主要道路无中央分隔设施，次要道路车辆驾驶人可左转上主路时，在交叉口次要道路路口处设置停车让行标志，见图10.2.4-1。

图10.2.4-1 "停车让行"标志设置示例

10.2.4.2 当交叉口为非灯控路口，且交叉口中主要道路有中央分隔设施，次要道路车辆驾驶人只能右转上主路时，在交叉口次要道路路口处设置减速让行标志。减速让行标志可与右转指示标志组合使用，见图10.2.4-2。

图10.2.4-2 "减速让行"标志设置示例

10.2.5 指示标志

公路沿线交叉口出口道有3条（含）以上导向车道，宜设置车道行驶方向标志，见图10.2.5。车道行驶方向标志应与地面导向箭头指示一致。

图10.2.5 车道行驶方向标志示例

10.2.6 告示标志

10.2.6.1 行车安全提醒标志用于提醒驾驶员在行驶过程中一些需要注意的情况或需要避免的驾驶行为，包括相关法律法规禁止的行为。按以下要求设置：

1 应设置在中央分隔带桥名牌背面或单独设置，见图10.2.6-1。

图10.2.6-1 设置于中央分隔带的告示标志示例

2 应设置在路侧适当位置,见图10.2.6-2。

图10.2.6-2 设置于路侧的告示标志示例

10.2.6.2 组合标志

当一个位置需设置多个标志时,可将各标志组合到一个标志版面上,每个组合标志内容不宜超过4种,组合标志中各类标志的排列顺序应按禁令、指示、警告的顺序,先左后右或先上后下地排列,见图10.2.6-3。

图10.2.6-3 组合标志示例

10.2.7 标志结构及材料

10.2.7.1 反光膜应采用Ⅳ类反光膜或者以上级别。

10.2.7.2 普通公路沿线标志的悬臂、门架等大型标志结构立柱底部应粘贴高度为1.2m的黄黑立面标记。其中黄色为反光膜,其类别应满足规范要求,黑色为黑漆。

10.2.7.3 标志板版面小于1.5m²的单柱标志的底板及立柱宜采用玻璃钢等复合材料。

10.2.7.4 标志板采用铝合金板材的,牌号应为3004或强度更高的铝合金型材;滑动铝槽牌号应为2024或强度更高的铝合金型材。

10.2.7.5 标志结构设计应明确设计风速。可参照现行行业标准《公路桥涵设计通用规范》JTG D60附录,北京地区风速为27.2m/s,风压450Pa。

10.3 标　　线

10.3.1 道路不具备施划车行道边缘线条件时,应施划路面边缘线,路面边缘线应采用白色实线，线宽 0.15m。非机动车、行人通行为主的道路，路面边缘线宜采用自发光材料。

10.3.2 蓄能自发光轮廓标宜设置在无照明或照明不能持续保证的隧道墙壁上，设置间距 12m，轮廓标反射器中心高度宜为 60cm～75cm。蓄能自发光突起路标宜设置在无照明或照明不能持续保证的隧道检修道边缘，设置间距 6m。

10.3.3 汉字标记应沿车辆行驶方向由近及远竖向排列，数字标记沿车辆行驶方向横向排列。交通标志视距不足路段可设置路面交通标志与立面交通标志配合使用。

10.3.4 连续设置的实线类标线，应每隔 15m 左右设置排水缝，其他标线有可能阻水时，应沿排水方向设置排水缝，排水缝宽度一般为 3cm～5cm。

10.3.5 交通流量较大且没有设置信号灯的路口，应采用标线渠化引导交通。

10.3.6 中、小学及幼儿园学校门口应设置人行横道线，并柱应设置警告及指示标志，标志应采用主动发光式，其内容参见《中小学与幼儿园校园周边道路交通设施设置规范》GA/T 1215。

10.3.7 小半径曲线、长下坡、隧道进口等路段前适当位置宜设置彩色防滑路面；慢行系统宜设置彩色防滑路面。

10.4 防 撞 设 施

10.4.1 护栏、中央分隔带护栏、防撞端头、防撞垫等防撞设施防护性能应符合现行行业标准《公路护栏安全性能评价标准》JTG B05－01。

10.4.2 二级及以上公路的护栏上游端部位于公路路侧净区内且未外展时，应设置防撞端头。

10.4.3 立交主线分流端、匝道分流端等应设置可导向缓冲设施；净区内危险障碍物应设置防撞设施；隧道洞口、收费站、检查站导流端、孤立的公路跨线桥中墩端部等应设置防撞设施。

10.4.4 公路防撞设施的设计应符合国家及行业标准的相关规定，还应符合北京市《公路护栏设置规范》DB 11/844 的规定。

10.5 积水和地质灾害路段综合设施

10.5.1 过水路段应设置过水路面警告标志，下凹桥区及其他易积水路段宜设置水高警示标尺。可设置水深提示版面和红蓝爆闪灯，通过检测实际积水深度进行预警。按水深值分成正常状态与红色、橙色、黄色三个级别预警状态显示预警信息，见图 10.5.1。

10.5.2 在经常出现地质灾害路段应设置警示、限速等标志，并可结合实际情况提前设置减速振动标线等警示设施。

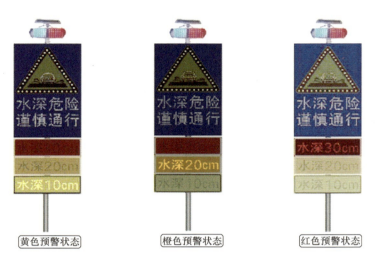

图 10.5.1 过水路面警告标志

10.6 节能环保措施

10.6.1 设计中应尽量利用原有标志、护栏等设施。

10.6.2 主动发光小型标志宜采用太阳能供电方式。

10.6.3 标线材料宜选择反光性能优良、使用寿命长的双组份材料。

10.7 其 他

10.7.1 主体工程基本完工后应现场核对交通安全设施的设置位置、安装形式，必要时应对原设计进行调整。

10.7.2 交通安全设施改造设计应与公路改扩建、大修以及预防性养护工程设计同步进行。

11 管理与服务设施

11.1 一般要求

11.1.1 管理与服务设施包括公路检查站、监控、通信、供配电照明、隧道通风、隧道消防、服务区、停车区及公交停靠站等设施。

11.1.2 管理与服务设施应与公路工程同步设计、同步建设、同步运行。

11.1.3 机电系统应根据预测交通量统筹设计、分期实施，并按远期设计年限预测交通量设计各类设施的预留预埋设施。

11.2 管理及服务站点

11.2.1 普通公路应根据路网分布、养护里程、服务需求、应急抢险需求设置养护道班房、公路停车点、应急物资储备库，公路停车点、应急物资储备库宜结合养护道班房合并设置。公路停车点宜随公路项目立项同步建设。

11.2.2 公路停车点应设置停车场、休息室、洗手间等，可对公众提供车辆停放、人员临时休息、茶水、如厕、便民药箱、手机充电、问询、静态地图、公路文化、旅游信息、简单修理工具、修车台、汽车加水、打气、电动车充电等服务。

11.2.3 应急物资储备库可根据需要储备铲冰除雪、防汛、发电机、水泵、油锯、照明灯等道路桥梁应急抢险设备及物资。

11.3 公路检查站

11.3.1 按照公路检查站相关规划和要求，设置公路综合检查站、治安治超联合检查站、超限检查站。

11.3.2 公路综合检查站设置在重要进京通道市界位置，设置规模按照道路重要性、日均流量和货车处理能力综合考虑。公路综合检查站建设应满足治安、交管、治超、环保、林业、路政、运政、防疫、武警等多部门需求。

11.3.3 超限检查站设置在城市内部和部分进京通道上，消除超限检查盲区。

11.4 主线监控设施

11.4.1 国道主干线宜结合现行行业标准《公路工程技术标准》JTG B01、《公路网运行监测与服务暂行技术要求》及北京市《道路智能化交通管理设施设置要求》DB 11/776.3 设置交通信息采集与发布设施。

11.4.2 各区县公路分局直接管理行政范围内的所有道路外场机电设施，并向北京市公路局监控中心上传数据、图像，接受其指挥、调度。

11.4.3 监控设施近期应按预测的第5年交通量实施。

11.4.4 交通量调查设施设置原则如下：

  1 国道上交通量变化比例达到15%以上的路段，各级公路市界处，应设置交通量调查设备；

  2 省道上交通量变化比例达到15%以上的路段，国、省道路进出城区路段，区、县交界处，宜设置交通量调查设备；

  3 每条县道宜设置一处交通量调查设备。

11.4.5 交通运行状态监测设施设置原则如下：

  1 国、省道路交叉口，与高速公路并行的国道，应设置交通运行状态监测设备；

  2 与高速公路、国道并行的省道，日均流量大于3000辆次的县道路段，与高速公路、国省道交叉的县道，宜设置交通运行状态监测设备。

11.4.6 视频监控设施设置原则如下：

  1 国、省道沿线大桥、长隧道、冰雪严重路段、常发拥堵路段，应设置视频监控设备；

  2 国、省道沿线常发生非法占路和损坏路政设施路段；国、省道沿线存在水毁、塌方、落石等安全隐患路段，县道沿线大桥、长隧道及泵站处，宜设置视频监控设备。

11.4.7 轴载检测设施设置原则如下：

  1 国、省道沿线大桥、重型货车通行量大的路段，应设置轴载检测设备；

  2 县道沿线大桥处，宜设置轴载检测设备；

  3 国、省道上轴载检测设备宜配套设置带有车牌识别功能的视频监控设备。

11.4.8 气象检测设施设置原则如下：

  1 国道沿线易出现积水、结冰、雾等情况的路段，应设置气象检测设备；

  2 省道、县道沿线易出现极端异常气象的路段，宜设置气象检测设备；

  3 无异常气象的国道，每条路宜设置一套气象检测设备。

11.4.9 可变情报板设置原则如下：

  1 国、省道沿线常发阻塞点上游分流路段，应设置可变情报板；

  2 国、省道与高速公路、省道、城市主干道交叉口前；县道沿线常发阻塞点上游分流路段，宜设置可变情报板；

  3 可变情报板以文字显示为主，具有多个方向分流条件的路段可采用图形化信息板。

11.4.10 国、省道沿线视距受限、对向来车不易发现的傍山路段，可设置会车信息提示系统。一旦检测到对向来车，立即联动信息发布设备提示会车信息。

11.5 隧道监控设施

11.5.1 隧道监控应按现行行业标准《公路隧道设计规范 第二册：交通工程与附属设

施》JTG D70/2 规定执行。

11.5.2 隧道监控等级为 A 级或隧道长度大于 3km 的隧道，应设置能见度检测、CO 检测、风速风向检测、亮度检测、交通量采集、视频监控、事件检测器、信息发布、交通信号灯、车道指示器、紧急呼叫和火灾报警等完善的监控设施。

11.5.3 隧道监控等级为 B 级或隧道长度大于 1km 的隧道，应设置视频监控、交通信号灯、车道指示器、火灾报警等设施，宜设置能见度检测、CO 检测、风速风向检测、亮度检测、车辆检测器、事件检测器、紧急呼叫、信息发布等监控设施。

11.5.4 隧道监控等级为 C 级或隧道长度大于 500m 的隧道，宜设置视频监控、交通信号灯设施。

11.5.5 隧道监控等级为 D 级的隧道，可设置视频监控设施。

11.6 通 信 设 施

11.6.1 对于有人职守的站点，应配置有线电视、网络、电话和传真等综合业务，并利用公网就近引入。

11.6.2 通信传输光缆宜采用租赁方式，偏远地区的隧道管理站（所）信息可通过租用有线网络宽带传输到上级中心。

11.6.3 需要单独配置的光缆宜采用穿管埋地敷设方式，管道宜选用 $\phi 40/33mm$ 的 HDPE 硅芯管。

11.6.4 对于具有中央分隔带且未硬化的干线公路，宜在中央分隔带内预埋 6 孔硅芯管。

11.7 供 配 电 设 施

11.7.1 应调查项目所在地电网的情况，确定外供电接入方案，并据此完成供配电设施设计。

11.7.2 隧道供配电外线设计应充分结合隧道建设期间的供电情况，做到"永临结合"。

11.7.3 变电站宜设置在负荷中心，并且供电半径应满足当地供电主管部门的要求。

11.7.4 电力负荷应根据供电可靠性和中断供电对人身生命、生产安全造成的危害及对经济影响的程度确定负荷等级。隧道重要电力负荷分级应符合现行行业标准《公路隧道设计规范 第二册：交通工程与附属设施》JTG D70/2—2014 的表 11.2.1 规定；电力负荷级别应符合现行行业标准《高速公路交通工程及沿线设施设计通用规范》JTG D80—2006 的表 7.6.1 规定。

11.7.5 选择自启动应急柴油发电机组应符合当市电中断供电时，单台机组应能自动启动，并应在 30s 内向负荷供电。

11.7.6 选择 EPS 作为应急电源时，切换时间不应大于 5ms。

11.7.7 隧道通风负荷较大时，可按照动力和照明分别设置专用变压器。

11.7.8 为提高供配电设施可靠性，变电站宜设置电力监控系统，10kV 设置相应保护。

11.7.9 负荷容量较小的外场设备宜直接引自当地电网的变电站或配电箱；当偏远山区公路设置普通小型外场设备且引电不便时，可使用太阳能供电方案。

11.8 照 明 设 施

11.8.1 在公路服务站广场、避险车道、公路检查站应设置照明设施；特大桥和转换交通量较大的平面或立体交叉区域可设置照明设施，执行现行国家标准《公路照明技术条件》GB/T 24969 规范。

11.8.2 长度 $L>200m$ 的一级公路隧道、长度 $100m<L\leqslant 200m$ 的一级公路光学长隧道、长度 $L>1000m$ 的二级公路隧道，应设置隧道照明；长度 $500m<L\leqslant 1000m$ 的二级公路隧道宜设置隧道照明；三级、四级公路隧道应根据实际情况确定；有人行需求的隧道应根据隧道长度和环境条件设置满足行人通行需求的照明设施。不设置照明的隧道应设置视线诱导设施。隧道照明设计应执行现行行业标准《公路隧道照明设计细则》JTG/T D70/2-01。

11.8.3 隧道照明近期应按预测的第 7 年交通量实施。

11.8.4 设置雨水泵站的下凹式桥区应设置桥区照明，照度设计依照现行行业标准《城市道路照明设计标准》CJJ 45。

11.8.5 道路照明、隧道基本照明和除入口段外的隧道加强照明光源应选择 LED 灯；隧道入口段加强照明宜选择 LED 灯；LED 灯技术参数不低于现行行业标准《公路 LED 照明灯具》JT/T 939 的相关规定。

11.8.6 照明控制设计可采用定时控制或智能控制为主、手动控制为辅的控制方式。

11.9 隧道通风设施

11.9.1 隧道通风设计应根据隧道平纵线形、断面、设计车速、气象及环境参数、预测交通量、交通组成，进行隧道需风量计算，合理确定设计风量和通风方案。

11.9.2 隧道通风近期应按预测的第 7 年交通量实施。

11.9.3 长度 $L>1000m$ 的一级公路隧道、长度 $L>2000m$ 的二至四级公路隧道应设置机械排烟系统，隧道通风设计应执行现行行业标准《公路隧道通风设计细则》JTG/T D70/2-02。

11.9.4 单向交通且长度 $L\leqslant 5000m$、双向交通且长度 $L\leqslant 3000m$ 的隧道可采用全射流纵向通风方案。

11.9.5 长度 $L<3000m$ 的直线隧道，射流风机宜布置在两端洞口段；长度 $L\geqslant 3000m$ 的隧道，射流风机宜在两端洞口段、洞口中部等位置不少于 3 段分布；长度 $L\geqslant 2000m$ 的曲线隧道，曲线段宜布设射流风机。

11.9.6 在隧道断面尺寸允许的条件下，应优先选用单机功率 30kW、$\phi 1120mm$ 型的双向可逆射流风机。

11.9.7 针对单侧供电的变电站，隧道风机宜与变电站同侧布置。

11.9.8 应针对正常运营、火灾、交通阻塞、养护维修等工况制定不同的通风控制方案。

11.10 隧道消防设施

11.10.1 长度 $L<800$m 的一级公路隧道、长度 $L<1000$m 的二级及二级以下公路隧道可不设置消火栓系统及固定水成膜泡沫灭火装置，其他应符合《公路隧道设计细则》JTG/T D70/2 的规定。

11.10.2 隧道消防设施近期应按预测的第 10 年交通量实施。

11.10.3 在具备条件时应优先采用高位消防水池供水的常高压供水系统。

11.10.4 隧道消防设计应考虑保温措施。

11.10.5 水消防隧道应设置电光型消防设备指示标志和疏散指示标志。

11.11 改扩建机电设施

11.11.1 应调查公路改扩建前交通事故、交通拥堵、地质和气象灾害路段资料，对改扩建后可能存在的问题进行针对性设计。

11.11.2 对于无法保障通行能力和服务水平、不能满足改扩建后运营需求、不满足现行标准规范的机电设施应进行改造升级。

11.11.3 改扩建设计时应根据系统升级和技术进步的需要对现有机电设施再利用。

12 绿 化

12.1 一 般 规 定

12.1.1 一至三级公路新建、改建项目应进行绿化工程设计,三级公路以下参照三级公路执行。

12.1.2 公路绿化设计范围应包括道路中央分隔绿带、机非分隔绿带、路肩绿带、路侧绿化带、边坡绿地及环岛、立交区、停车港湾与观景平台、隧道口等节点的绿化美化。

12.2 绿 化 效 果

12.2.1 绿化效果划分标准见表12.2.1。

表12.2.1 绿化效果划分标准

类型	效果要求	技术要求
良好效果	满足基本要求,以乔灌为主、夏季有花;常绿、落叶乔木搭配有序	常见植物种,苗木长势良好无病害,冠幅饱满,苗木规格、密度符合基本要求
景观效果	满足基本要求的基础上达到景观要求,以乔灌为主、四季常青、三季有花;乔、灌、花(草)搭配有序,营造植被景观	常见植物种,局部路段可混交观赏价值高、有地方特色的园林景观植物种,苗木长势良好无病害,冠幅饱满,苗木规格、密度可适当提高

12.2.2 一般公路原则上应达到良好效果,同一公路绿化景观应统一风格,不同路段绿化方式可变化。在重点路段、对绿化效果有特殊要求和体现绿化特色的路段可用景观效果。

12.2.3 投资控制标准应含绿化工程的栽植及成活期保养(按两年计列),不含土建、水源及管道、工程建设其他费及预备费等相关费用,见表12.2.3。

表12.2.3 投资控制标准表

道路等级	建安费(元/m²)		备注
	良好效果	景观效果	
一级公路	120	200	中央分隔带绿化
一、二级公路	100	120	中央分隔带硬化
三级公路	60	80	—

13 工程造价

13.1 基本要求

13.1.1 公路工程建设项目设计阶段，设计概算和施工图预算应严格按照交通运输部公路工程概算预算编制办法等相关文件编制。

13.1.2 应依据《北京公路工程材料市场价格信息》、《北京工程造价信息》最新颁布的价格信息进行编制，缺项部分以市场询证价格为准。

13.1.3 应符合规定、结合实际、经济合理、不重不漏、提交及时、计算正确。

13.2 工程造价控制

13.2.1 全过程造价控制

应建立建设工程项目的全过程造价控制。投资估算应对工程设计概算起控制作用。应重点控制对工程项目的投资影响最大的、控制投资最关键的初步设计阶段，设计概算应控制在批准的投资估算额允许浮动范围内。施工图预算应控制在经批准的初步设计概算范围内，经审定后是编制工程标底或造价控制值的依据。

13.2.2 设计变更造价控制

重大设计变更概预算应慎重处理。应加强设计变更的管理工作尽量避免超概现象发生。

13.3 工程造价编制

13.3.1 BIM技术应用费用

应用建筑信息模型（BIM）新技术的项目，应明确BIM技术应用专项经费和列支渠道。

13.3.2 外购成品材料

13.3.2.1 常用的外购成品材料可包括商品混凝土（包括沥青混凝土和水泥混凝土）、石灰粉煤灰碎石混合料、成品小构件（路缘石、步道砖、草坪砖、大方砖等）、外购管材等。

13.3.2.2 外购成品材料信息价格中均已综合运输费用，不应另计。超远距离应按社会运输的有关规定计算其运输费用或与供货商协商运费。价格采用除税价。

13.3.2.3 外购成品材料费率应统一按0，不计取综合费率；摊铺、安装定额费率应统一按10，构造物（一般）计取。

13.3.3 混凝土定额替换与调整

对于含搅拌机的混凝土定额，使用商品混凝土时，应将搅拌机含量调整为0。

13.3.4 路网外场设备接入资金

在新改建工程估算、概算中应同步考虑路网外场设备接入资金。

13.3.5 施工工地扬尘排污费、渣土消纳费

施工工地扬尘排污费应依据北京市发展和改革委员会、北京市财政局、北京市环境保护局等相关主管部门发布的收费标准计取。

13.3.6 沥青旧料回收利用

依据北京市交通委员会的规定计取。

13.3.7 现场调查

前期外业调查时应包括对造价的调查。

14 城镇化公路设计

14.1 一般规定

14.1.1 自然村、行政村和乡镇政府所在地公路应按城镇化公路设计。村落间道路应仍按公路标准设计；当连接相邻两城镇的公路中城镇化路段长度占公路全长60%及以上时，公路全线宜按城镇化公路设计。工业区等产业用地相对较少，可按城市道路设计。

14.1.2 城镇化公路的等级可对应城市支路、次干路、主干路道路等级，技术指标宜参照城市道路设计规范选取。

14.1.3 城镇化公路应满足公路交通功能，还应按照公路两侧的镇域规划和实际需求，合理设置非机动车系统、公交系统、人行系统、雨水排除系统，以及交通安全设施、照明、绿化和生产、生活所必需的各种管线等。

14.1.4 城镇化公路的占地范围（红线）应满足道路交通功能的需求，还应满足各种管线的设置要求。

14.1.5 城镇化公路设计速度应与两端衔接公路的设计速度相同，运行速度可根据需要进行限制，但速度差不宜大于20km/h。城镇段最大运行速度不宜高于60km/h。运行速度可采用表14.1.5规定。

表14.1.5 公路等级及运行速度

公路等级	一级公路	二级公路	三级公路	四级公路
运行速度（km/h）	60	40、50、60	30、40	20

14.1.6 城镇化公路在路线布设时，应充分考虑道路沿线村镇域规划和社会经济发展的要求，降低对村镇生活环境的影响，减少对村民生产出行的干扰，做到近村镇而不进村镇；同时公路经过村镇时，应给沿线居民出行带来便利条件，集散地方交通出行；沿线农用通道、相交支路路口、涵洞、预留地方灌溉管线等设施应在方案阶段征求地方政府意见，合理布设。

14.2 横断面布置

14.2.1 城镇化公路横断面应根据村镇域规划和实际需求、公路等级、设计速度、公路用地（红线）等条件，合理布置。公路等级及横断面对应关系见表14.2.1。

表 14.2.1 公路等级及横断面对应表

公路等级	一级公路、二级公路（过境交通干道）	二级公路	三、四级公路
横断面形式	三、四幅路	一、二、三、四幅路	一幅路

14.2.2 一级公路和作为过境交通干道的二级公路的交通量大、车速快、车辆荷载重，不宜与非机动车混行。原则上穿越村镇的一级公路、作为过境交通干道的二级公路应设置辅路，过境交通应由主路承担，集散交通应由辅路完成。三、四级公路可不设置辅路。

14.2.3 规划红线较窄、机动车与非机动车混合行驶的交通量较小的三、四级公路，以及用地不足、拆迁困难的公路应采用一幅路，见图 14.2.3。

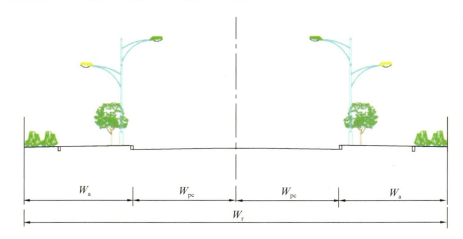

图 14.2.3 一幅路横断面形式

注：W_a—路侧带宽度，W_{pc}—机动车道或机非混行车道的路面宽度，W_r—红线宽度。

14.2.4 机、非混行的二、三级公路，横向高差较大或地形特殊的路段应采用两幅路，见图 14.2.4。两幅路单向车道数不宜少于 2 条。

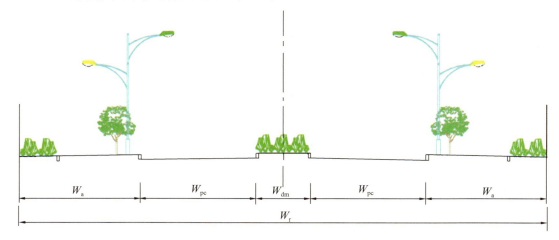

图 14.2.4 两幅路横断面形式

注：W_a—路侧带宽度，W_{pc}—机动车道或机非混行车道的路面宽度，W_{dm}—中间分隔带宽度，W_r—红线宽度。

14.2.5 机动车交通量大、非机动车多的公路应采用三幅路,见图14.2.5,其红线宽度不宜小于32m。三幅路单向机动车道数应设置2条。

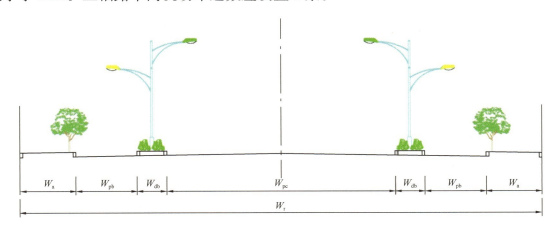

图14.2.5 三幅路横断面形式

注:W_a—路侧带宽度,W_{pc}—机动车道或机非混行车道的路面宽度,W_{db}—两侧分隔带宽度,W_r—红线宽度。

14.2.6 机动车车速较高、非机动车较多的一、二级公路应采用四幅路,见图14.2.6。四幅路单向机动车道数宜大于2条。

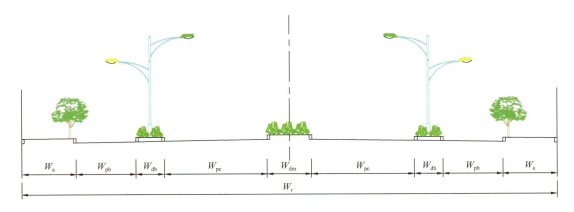

图14.2.6 四幅路横断面形式

注:W_a—路侧带宽度,W_{pc}—机动车道或机非混行车道的路面宽度,W_{dm}—中间分隔带宽度,W_{db}—两侧分隔带宽度,W_r—红线宽度。

14.2.7 城镇化公路拓宽改建应进行"保树"方案的横断面设计,应尽量减少既有路侧树木的伐移。

14.2.8 路侧带宽度、中间分隔带宽度、两侧分隔带宽度应经过论证分析确定,或参考现行行业标准《城市道路工程设计规范》CJJ 37的规定,受用地限制可采用规范的最小值。

14.2.9 城镇化公路的最小净高应与两端公路的最小净高相同。

14.2.10 城镇化公路与两端公路横断面有变化时,宜以交叉口为起终点;若变化点在路段上,应设过渡段,其路面边缘斜率可采用1:15~1:30,折点处应圆顺。

14.3 非机动车交通

14.3.1 根据村镇域规划和道路两侧实际情况，非机动车道宜沿主路两侧设置；若遇特殊情况非机动车道亦可单侧设置，双向通行。

14.3.2 机动车道设计速度大于等于 40km/h，双向机动车道数大于等于 6 时，机动车道应与自行车道分幅设置；双向机动车道数大于等于 4 时，机动车道宜与自行车道分幅设置。

14.3.3 独立设置的非机动车道路面宽度应包括自行车道宽度及两侧路缘带宽度。

14.4 行人交通系统

14.4.1 行人交通系统包括人行道、人行横道、人行天桥、人行地道等，并应与村镇其他人行设施构成完整的人行系统。

14.4.2 行人交通设施应考虑无障碍交通的要求，并应符合现行行业标准《城市道路和建筑物无障碍设计规范》JGJ 50 的规定。

14.4.3 应符合现行北京市地方标准《城市道路空间规划设计规范》DB 11/1116 的规定，人行道和非机动车道不得采用共板设置。

14.4.4 人行过街设施的设置应根据行人横穿道路的实际需要确定。宜先根据交叉口形式布设交叉口处人行过街设施，再考虑路段上的人行过街设施的设置，且应优先考虑人行地面过街。

14.4.5 学校、幼儿园、医院、养老院等附近应设置人行过街设施。

14.4.6 当道路机动车道数大于等于 6 时，应在分隔带或道路中心线附近的人行横道处设置行人安全岛，安全岛宽度不应小于 1.5m。

14.4.7 人行过街设施的布设应考虑与公交停靠站的配合。

14.5 公交停靠站

14.5.1 公交停靠站分为直接式和港湾式两种，交通量较大的公交停靠站宜采用港湾式。

14.5.2 道路交叉口附近的公交停靠站宜安排在交叉口出口道一侧，宜距交叉口出口缘石转弯半径终点 80m～150m。

14.5.3 站台铺装宽度根据候车人流量确定，一般不宜小于 2m，条件受限时，不得小于 1.5m。

14.6 平面和纵断面

14.6.1 城镇化公路的总体布置应结合村镇交通的特点，应在满足交通组织的情况下合理布置车行道、非机动车道、人行道、交叉口、出入口、分隔带开口、公交停车站等。

14.6.2 平面设计应处理好直线与平曲线的衔接，合理设置缓和曲线、超高、加宽等。

14.6.3 机动车道最大纵坡或者合成坡度不应大于6%。

14.6.4 机动车道最小纵坡应不小于0.3%，当特殊困难纵坡小于0.3%时，应设置锯齿形边沟或采取其他排水设施。

14.6.5 机动车与非机动车混合行驶的车行道，道路纵坡宜按非机动车纵坡规定设计。

14.7 道路排水

14.7.1 城镇化公路排水应按市政道路进行设计，并应执行现行国家标准《室外排水设计规范》GB 50014的规定，宜采用管道或盖板边沟排水。

14.7.2 城镇化公路排水设计应依据相应的排水专项规划，排水系统采用雨污水分流制原则，应结合周边现况，将公路排水系统与城镇管网排水系统区分开。

14.7.3 道路排水设计应依据排水规划，按与公路等级相对应的市政道路等级确定设计标准。

14.7.4 道路范围内应依据规划布置所需各种管线，管线不宜布置在主路及填方段的坡面之内。

14.7.5 道路划拨征地范围应同时考虑市政管线预留检查井、过街涵进出口等相关构筑物的设置以及路肩外的各种管线，其范围应一并征用。排水下游的路外工程，应在征地、测量、勘探时统筹考虑。

14.7.6 道路范围内的市政管线应进行过路预留并依据规划确定规模与数量。

14.7.7 城镇化公路一般应采用管道排水，道路范围内应采用雨水口收集雨水并就近排入雨水管线。

14.7.8 每个排水系统应有稳定、可靠的排水下游，道路高程的设计应根据对应的下游水体的水利条件进行核算。

14.7.9 道路穿越现况河道时应与水利等相关部门配合，应根据不同水体的功能、性质，将农田灌溉、排洪分别设置过路涵，不宜与设计管道相接，并严禁人员穿行。

14.7.10 高架桥位于道路范围内，雨漏管出水应排入设计雨水管线，不宜直接排到地面。

14.7.11 在建成区未实施前，道路两侧主要是迎水面应考虑修建临时排水设施保证道路路基安全。采用敞开式深边沟时（深度大于1.0m）路侧应设置护栏，路侧未设置护栏时应采用带泄水孔的钢筋混凝土盖板边沟。

14.7.12 "海绵城市"的雨水的控制与利用宜遵循以下要求：

1 雨水的控制与利用系统，应执行现行北京市地方标准《雨水控制与利用工程设计规范》DB 11/685的规定，总体设计应坚持规划引领、生态优先、安全为重、因地制宜、统筹建设的原则，且不应降低原有雨水排放系统的设计标准。

2 道路是市政工程范围内主要的径流及污染物的产生场所之一，宜通过"渗、滞、蓄、净、用、排"等技术，结合道路功能和道路条件，根据周边地形、地物、水文地质条件、施工及养护因素，因地制宜确定雨水的控制与利用形式。

3 雨水入渗可采用绿地、透水铺装地面、渗透管沟、入渗井等方式。在易发生陡坡坍塌、滑坡灾害的危险场所及自重湿陷性黄土、膨胀土和高含盐土等特殊土壤地质不得采用雨水入渗系统。

4 优先选取天然洼地、湿地、河道、池塘或建设人工调蓄设施进行调蓄，并应与周边地形、地貌、景观相协调，应有安全措施，结构设计使用年限50年。道路两侧边沟、河道、池塘等宜采用生态形式。

5 雨水的收集系统的设计流量应符合现行国家标准《室外排水设计规范》GB 50014的相关规定，收集的雨水经适当处理宜用于绿化灌溉及道路冲洗，回用水的水质指标应符合国家现行相关标准规定。收集雨水及其回用管道严禁与市政给水及生活饮用水管道相连接，防止误饮误用，雨水回用管道应加标识。

14.8 道路照明

14.8.1 道路照明质量应达到辨认可靠和视觉舒适的基本要求。

14.8.2 道路照明应满足平均亮度（照度）、亮度（照度）均匀度和眩光限制三项指标。

14.8.3 道路照明布灯方式应根据道路横断面形式、宽度、照明要求等进行布置。

14.8.4 照明设计应符合现行行业标准《城市道路照明设计标准》CJJ 45的规定。

14.9 道路绿化

14.9.1 绿化和景观设计应符合交通安全、环境保护、城市美化等要求，并应与沿线村镇风貌协调一致。

14.9.2 绿化和景观设施不应进入道路建筑限界，不应进入交叉口视距三角形，不应干扰道路交通标志和标线、遮挡信号灯以及道路照明，不应妨碍交通安全和畅通。

14.9.3 绿化设计应符合现行行业标准《城市道路绿化规划与设计规范》CJJ 75的规定。

15 农村公路设计

15.1 一般规定

15.1.1 农村公路设计应做好基本农田、水利设施、生态环境和文物古迹的保护。

15.1.2 农村公路应设置排水、防护、交通安全等附属设施及管理设施。

15.1.3 农村公路的建设标准原则上不得低于四级公路标准,三级及以上农村公路应按国家有关标准规范的要求进行设计,四级及等外级农村公路应符合本标准规定。

15.2 横断面

15.2.1 连接2个乡(镇)或3个以上行政村的农村公路不应采用单车道,路面宽度不应小于6m。其他农村公路不宜采用单车道,路面宽度不应小于5m。

15.2.2 农村公路路面宽度采用5m时,应在不大于300m的距离内选择有利地点设置错车道,并使驾驶者能看到相邻两错车道之间的车辆。设置错车道路段的路基宽度应不小于6.5m,有效长度应不小于20m。

15.2.3 农村公路路肩宽度应参见现行行业标准《公路工程技术标准》JTG B01,宜进行硬化处理。

15.3 路基

15.3.1 在易发生山洪及水毁地区农村公路路基设计洪水频率应不低于1/25,应设置完整的路基、路面排水系统。

15.3.2 临水临崖段路基支挡防护设计应符合6.5节的规定。

15.4 桥涵

15.4.1 桥梁设计荷载应符合8.1.3的规定。

15.4.2 新建桥梁宽度应不小于路基宽度。当利用原有桥梁时,如桥梁宽度小于路基宽度,桥头引道应设置渐变路段,渐变率应不小于1/7。

15.5 隧道

单车道农村公路的隧道应按照双车道标准建设。新改建公路隧道建筑限界高度应取5.0m。洞口应设置相应的警示标志。

15.6 路线交叉

15.6.1 农村公路平面交叉应符合相应标准规范要求，宜设置必要的警示、减速等安全设施。

15.6.2 农村公路与铁路相交的铁路道口两侧公路宜为直线，直线长度从最外侧钢轨算起，不应小于50m；道口两侧公路水平路段长度（不包括竖曲线），从铁路最外侧钢轨外侧算起，不应小于16m。紧接水平路段的公路纵坡，不应大于3%。

15.7 交通安全设施

15.7.1 重点旅游路线和公交通行路线等重要路线和路段应加强交通安全设施设计。

15.7.2 经过学校、医院或铁路道口等路段时，应设置警告、减速等设施。

15.7.3 陡崖、深沟、填方边坡高度或路肩挡墙高度大于4m的路段，或距路肩边缘不足3m处有湖泊、沟渠、高速公路、铁路等路侧险要的路段，应根据路侧危险程度设置护栏等防护设施。

15.7.4 农村公路中受限路段交通安全设施应符合以下要求：

  1 在进入受限路段前，应根据受限原因设置警告、限速及防护等设施；

  2 视距不良或小半径平曲线路段应根据需要设置警告、视线诱导及路侧防护等设施，有条件时应施划路面标线、清除通视障碍物；

  3 长大纵坡路段应根据需要设置警告、减速、视线诱导及路侧防护等设施。

附 录 A
（规范性附录）
控制要素

A.1 北京地区车辆特征

A.1.1 公路设计所采用的部分设计车辆外廓尺寸规定见表A.1。

表A.1 设计车辆外廓尺寸

车辆类型	总长（m）	总宽（m）	总高（m）	前悬（m）	轴距（m）	后悬（m）
鞍式列车	16	2.5	4	1.2	3+1.4+7+1.4	2
重载汽车	15.4	2.5	4	1.2	3+1.4+5+1.4+1.4	2

注：重载汽车为北京110国道调查数据。

A.1.2 交通量换算采用小客车为标准车型，车辆折算系数见表A.2。

表A.2 车型分类及车辆换算系数表

		车型	折算系数	荷载及功率	备注
机动车	汽车	小客车	1.0	额定座位≤19座	—
		大客车	1.5	额定座位>19座	—
		小型货车	1.0	载质量≤2t	—
		中型货车	1.5	2t<载质量≤7t	包括吊车
		大型货车	2.0	7t<载质量≤14t	—
		特大型货车	3.0	载质量>14t	—
		拖挂车	3.0	—	包括半挂车、平板拖车
		集装箱车	3.0	—	—
	摩托车		1.0	—	包括轻骑、载货摩托车及载货（客）机动三轮车等
	拖拉机		4.0	—	—
非机动车	人畜力车	畜力车	4.0	—	—
		人力车	1.0	—	包括人力三轮车、手推车
	自行车		0.2	—	包括助动车

附 录 B
（规范性附录）
设计方案编制

B.1 要求

设计单位依据项目相关规划条件或规划方案进行方案编制，需对路线走向、控制点等要素进行现场核查，征求沿线地方政府、建设单位及规划、土地、环保、水务、铁路等相关部门意见。

B.2 深度

B.2.1 设计说明书

B.2.1.1 应包含以下基本情况：项目地理位置、起终点、功能定位、建设意义、相关规划、交通量预测、建设条件。其中相关规划包括：公路网规划图、沿线用地规划、区镇两级相关规划、河道规划铁路及轨道规划，建设条件包括：现状路、河道、桥梁情况介绍、建设及最后一次大修时间等；沿线村镇、现况土地、现况铁路及轨道、现况管线、沿线文物及古树等。

B.2.1.2 应说明设计依据及标准：道路等级、红线宽度、设计车速、路面轴载及相关标准、设计规范、规划方案。

B.2.1.3 应包含以下设计内容：总体设计、平面设计、纵断面设计、横断面设计、路基设计、路面结构设计、安全防护设计、沿线交通组织与路口渠化设计、节点设计、排水设计、附属构筑物型式、公交港湾及行人过街设计、交通工程设计、文物和树木保护方案、管线拆改或保护等。其中平面设计需要进行必要的方案设计比选、横断面设计需进行保对方案的比选、最大纵坡及长度、最小曲线半径、最短缓和曲线长度等设计极限值需明确说明。

B.2.1.4 应说明征地拆迁的相关内容，包括：既有路、林地、基本农田、耕地、果园等占地面积、企业、民宅、大棚等拆迁房屋面积、管线、高压塔、电杆等干线改移数量、树木移伐量及树种。应说明以下工程量：道路长度、道路面积、桥梁面积、排水工程、新增占地等。

B.2.1.5 投资估算应包括：建安费、工程费、征地拆迁费、其他费、总投资等。

B.2.1.6 应附相关部门意见。

B.2.1.7 应说明问题与建议。

B.2.2 设计图纸

B.2.2.1 应涵盖图纸见表B.1。

表 B.1 图 纸

编号	图纸名称	编号	图纸名称
1	项目地理位置示意图	5	纵断面设计图
2	重要的横断面、立交、桥梁、景观等效果图（根据需要）	6	横断面设计图
		7	主要交叉口平面图
3	交通系统设计示意图	8	主要桥梁、隧道设计总图
4	平面设计图	9	其他图纸

B.2.2.2 平面设计图比例尺要求如下：平原区公路采用 1/1000～1/2000；山区公路采用 1/10000 实测地形图。纵断面设计图比例尺要求如下：水平采用比例尺与平面设计图一致，垂直比例尺视地形起伏情况采用 1/100～1/500。

B.2.2.3 应包括以下内容：

——道路红线及红线宽度、路口拓宽红线；

——现况地形和现况地下管线；

——项目用地内的文物保护单位，标明文物名称、保护等级及保护范围等；

——项目用地内现况树木，标明树种、树的胸径、是否为古树名木；

——管线与道路规划永中、建筑拨地线、现况道路、铁路、高压线、河道、现况管线或其他规划控制线的距离，管线的管径；

——铁路、高压线走廊、河道等各类规划控制线的控制宽度；道路施工中线与道路永中的距离、道路的平面尺寸、道路的转弯半径、路口渠化尺寸等；

——工程桩号；

——横断面图含规划道路断面图、现况道路断面图、近期实施道路断面图以及河道断面图。

参 考 文 献

[1] 北京市交通委员会路政局．北京市交通委员会路政局公路工程设计指导意见（2015版）[S]．

[2] 北京市交通委员会路政局．北京市道路沥青路面抗车辙设计施工指导意见[S]．

[3] 北京市交通委员会路政局．北京市废胎胶粉沥青及混合料设计施工技术指南（京路科安发[2006]912号）．

[4] 北京市交通委员会路政局．北京市温拌沥青混合料路面技术指南[S]．

[5] 北京市交通委员会路政局．沥青混合料质量管理规定[S]．

[6] 北京市交通委员会路政局．北京市沥青路面大中修养护设计指南（试行）（京交路共养函[2013]347号）．

[7] 北京市交通委员会路政局．公路沥青路面大修设计的有关规定[S]．

[8] 北京市交通委员会路政局．北京市公路交通标志指路系统设置指南[S]．

[9] 北京市交通委员会路政局．北京地区公路下凹式桥区雨水泵站系统设计指导意见[S]．

[10] 北京市交通委员会路政局．公路建设项目绿化设计标准（试行）[S]．

[11] 北京市交通委员会路政局．北京市交通委员会路政局局内公路新改建项目施工图设计审查暂行规定（试行）[S]．

[12] 北京市交通委员会．北京市城市人行天桥设计指南[S]．

[13] 北京市交通委员会路政局顺义公路分局．公路建设工程设计工作指南[S]．

[14] 北京市交通委员会路政局．公路防撞护栏技术要求[S]．

[15] 北京市交通委员会路政局．北京市7·21水灾公路水毁恢复重建工程方案报告．

[16] 北京市规划委员会．北京市城市道路和公路工程设计文件编制办法（试行）[S]．

[17] 北京市交通委员会路政局．北京市公路建设项目设计质量后评价指标．

[18] 北京市交通委员会路政局．关于111国道等项目隧道行人和非机动车通行安全问题的报告．

[19] 中国交通企业管理协会．桥梁伸缩装置设计指南（中交企字[2011]2号）．

[20] 中国交通企业管理协会．模数式伸缩装置通用技术条件（中交企字[2011]2号）．

[21] 北京市交通委员．北京市交通委员会关于规范指路标志临时粘贴样式的通知（会京交协发[2008]150号）．

[22] 北京市交通委员会．北京市公路路网信息采集与发布设备建设管理办法（试行）（京交路办发[2011]111号）．

[23] 北京市交通委员会路政局．关于沥青混凝土路面旧料回收利用有关工作（京交

路计发〔2015〕25号）.

［24］中华人民共和国交通运输部公路局.关于实施绿色公路建设的指导意见（交办公路〔2016〕93号）.

［25］中华人民共和国交通运输部.交通运输部办公厅关于推进公路水运工程BIM技术应用的指导意见（交办公路〔2017〕205号）.